Amazon

Breve Historia y Controversias del Mayor Minorista Online del Mundo y de su Fundador; Jeff Bezos y Más

Descargo de responsabilidad

1

Introducción

Amazon.com, Inc. es una multinacional tecnológica estadounidense centrada en el comercio electrónico, la computación en nube, la publicidad en línea, el streaming digital y la inteligencia artificial. Se ha hecho referencia a ella como "una de las fuerzas económicas y culturales más influyentes del mundo", y es una de las marcas más valiosas del mundo. Es una de las cinco grandes empresas estadounidenses de tecnologías de la información, junto con Alphabet (Google), Apple, Meta (Facebook) y Microsoft.

Amazon fue fundada por Jeff Bezos en el garaje de su casa de Bellevue (Washington) el 5 de julio de 1994. Inicialmente un mercado en línea de libros, se ha expandido a multitud de categorías de productos, una estrategia que le ha valido el apodo de *The Everything Store (la tienda de todo)*. Tiene múltiples filiales, entre ellas Amazon Web Services (computación en la nube), Zoox (vehículos autónomos), Kuiper Systems (Internet por satélite) y Amazon Lab126 (I+D en hardware informático). Otras de sus filiales son Ring, Twitch, IMDb y Whole Foods Market. Su adquisición de Whole Foods en agosto de 2017 por 13.400 millones de dólares aumentó sustancialmente su presencia como minorista físico.

Amazon se ha ganado la reputación de perturbar sectores bien establecidos mediante la innovación tecnológica y la reinversión "agresiva" de los beneficios en inversiones de capital. En 2023, será el mayor minorista y mercado en línea del mundo, proveedor de altavoces inteligentes, servicio de computación en la nube a través de AWS, servicio de retransmisión en directo a través de Twitch y empresa de Internet en términos de ingresos y cuota de mercado. En 2021, superó a Walmart como el mayor minorista del mundo fuera de China, impulsado en gran parte por su plan de suscripción de pago, Amazon Prime, que cuenta con más de 200 millones de suscriptores en todo el mundo. Es el segundo mayor empleador privado de Estados Unidos.

Amazon también distribuye diversos contenidos descargables y en streaming a través de sus unidades Amazon Prime Video, Amazon Music, Twitch y Audible. Publica libros a través de su rama editorial, Amazon Publishing, contenidos de cine y televisión a través de Amazon Studios, y es propietaria del estudio de cine y televisión Metro-Goldwyn-Mayer desde marzo de 2022. También produce electrónica de consumo, sobre todo lectores electrónicos Kindle, dispositivos Echo, tabletas Fire y televisores Fire.

Amazon ha sido criticada por sus prácticas de recopilación de datos de clientes, su cultura laboral tóxica, su evasión fiscal y su comportamiento anticompetitivo.

Índice

Historia de Amazon

Amazon.com, Inc. es una multinacional tecnológica estadounidense centrada en el comercio electrónico, la computación en nube y la transmisión digital. Se ha hecho referencia a ella como "una de las fuerzas económicas y culturales más influyentes del mundo", y es una de las marcas más valiosas del mundo.

Amazon fue fundada por Jeff Bezos en el garaje de su casa de Bellevue (Washington) el 5 de julio de 1994. Inicialmente un mercado en línea de libros, se ha expandido a multitud de categorías de productos: una estrategia que le ha valido el apodo de The Everything Store (la tienda de todo). Tiene múltiples filiales, entre ellas Amazon Web Services (computación en la nube), Zoox (vehículos autónomos), Kuiper Systems (Internet por satélite), Amazon Lab126 (I+D en hardware informático). Otras de sus filiales son Ring, Twitch, IMDb, MGM Holdings y Whole Foods Market.

Fundación de Amazon

La empresa se creó como resultado de lo que Jeff Bezos denominó su "marco de minimización del arrepentimiento": evitar arrepentirse, en su vejez, de no haber intentado participar en la emergente Internet con su propia startup. En 1994, Bezos dejó su trabajo como vicepresidente en D. E. Shaw & Co., una empresa de Wall Street, y se trasladó a Seattle (Washington), donde empezó a trabajar en un plan de negocio para lo que se convertiría en Amazon.com.

El 5 de julio de 1994, Bezos constituyó inicialmente la empresa en el estado de Washington con el nombre de Cadabra, Inc. Al cabo de unos meses, cambió el nombre a Amazon.com, Inc, porque un abogado escuchó mal su nombre original como "cadáver". Bezos eligió este nombre consultando un diccionario; se decidió por "Amazon" porque era un lugar "exótico y diferente", tal como había imaginado para su empresa de Internet. El río Amazonas era el más caudaloso del mundo, y su intención era convertir su tienda en la mayor librería del mundo. Además, era preferible un nombre que empezara por "A" porque probablemente estaría el primero de una lista alfabetizada. Bezos valoró su ventaja a la hora de crear una marca y declaró a un periodista: "No hay nada en nuestro modelo que no pueda copiarse con el tiempo. Pero McDonald's fue copiado. Y aún así ha construido una enorme empresa multimillonaria. Mucho de ello se reduce a la marca. Las marcas son más importantes en Internet que en el mundo físico".

En sus inicios, la empresa funcionaba en el garaje de la casa de Bezos, en la calle 28 Northeast de Bellevue (Washington).

Librería en línea y OPV

Tras leer un informe sobre el futuro de Internet que preveía un crecimiento anual del comercio web del 2.300%, Bezos elaboró una lista de 20 productos que podrían comercializarse en línea. Redujo la lista a los cinco productos que consideraba más prometedores: discos compactos, equipos informáticos, programas informáticos, vídeos y libros. Finalmente, Bezos decidió que su nueva empresa vendería libros en línea, debido a la gran demanda mundial de literatura, el bajo precio unitario de los libros y el enorme número de títulos disponibles impresos. Amazon se fundó en el garaje de la casa alquilada por Bezos en Bellevue (Washington). Los padres de Bezos invirtieron casi 250.000 dólares en la puesta en marcha.

El 16 de julio de 1995, Amazon abrió sus puertas como librería en línea, vendiendo la mayor colección de libros del mundo a cualquier persona con acceso a la World Wide Web. El primer libro vendido en Amazon.com fue *Fluid Concepts and Creative Analogies*, de Douglas Hofstadter*: Modelos informáticos de los mecanismos fundamentales del pensamiento, de Douglas Hofstadter.* En los dos primeros meses de actividad, Amazon vendió a los 50 estados y a más de 45 países. En dos meses, las ventas de Amazon alcanzaron los 20.000 dólares semanales. En octubre de 1995, la empresa se dio a conocer al público. En 1996, se reincorporó en Delaware. Amazon emitió su oferta pública inicial de acciones de capital el 15 de mayo de 1997, a 18 dólares por acción, cotizando bajo el símbolo de la bolsa NASDAQ AMZN.

Barnes & Noble demandó a Amazon el 12 de mayo de 1997, alegando que la afirmación de Amazon de ser "la mayor librería del mundo" era falsa porque "...no era una librería en absoluto. Es un corredor de libros". La demanda se resolvió posteriormente fuera de los tribunales y Amazon siguió haciendo la misma afirmación. Walmart demandó a Amazon el 16 de octubre de 1998, alegando que Amazon había robado secretos comerciales de Walmart contratando a antiguos ejecutivos de Walmart. Aunque esta demanda también se resolvió extrajudicialmente, provocó que Amazon aplicara restricciones internas y la reasignación de los antiguos ejecutivos de Walmart.

En 1999, Amazon intentó por primera vez entrar en el negocio editorial comprando un sello desaparecido, "Weathervane", y publicando algunos libros "seleccionados sin ninguna reflexión aparente", según *The New Yorker*. El sello volvió a desaparecer rápidamente, y en 2014 los representantes de Amazon afirmaron que nunca habían oído hablar de él. También en 1999, la revista *Time* nombró a Bezos Persona del Año al reconocer el éxito de la empresa en la popularización de las compras en línea.

2000s

20

Desde el 19 de junio de 2000, el logotipo de Amazon presenta una flecha curva que va de la A a la Z, representando que la empresa ofrece todos los productos de la A a la Z, con la flecha en forma de sonrisa.

Según las fuentes, Amazon no esperaba obtener beneficios hasta dentro de cuatro o cinco años. Este crecimiento comparativamente lento hizo que los accionistas se quejaran de que la empresa no alcanzaba la rentabilidad con la rapidez suficiente para justificar su inversión o incluso sobrevivir a largo plazo. En 2001, el estallido de la burbuja puntocom destruyó muchas empresas electrónicas, pero Amazon sobrevivió y superó la crisis tecnológica para convertirse en un gran actor de las ventas en línea. La empresa obtuvo por fin su primer beneficio en el cuarto trimestre de 2001: 0,01 dólares (es decir, 1 céntimo por acción), con unos ingresos de más de 1.000 millones de dólares. Este margen de beneficios, aunque extremadamente modesto, demostró a los escépticos que el modelo de negocio poco convencional de Bezos podía tener éxito.

De 2010 a la actualidad

En 2011, Amazon tenía 30.000 empleados a tiempo completo en Estados Unidos y, a finales de 2016, contaba con 180.000 empleados.

En 2014, Amazon lanzó el Fire Phone. El Fire Phone estaba destinado a ofrecer opciones de transmisión multimedia, pero la empresa fracasó y Amazon registró unas pérdidas de 170 millones de dólares. Esto también llevaría a detener la producción del Fire Phone al año siguiente. En agosto de ese mismo año, Amazon finalizaría la adquisición de Twitch, un sitio social de streaming de videojuegos, por 970 millones de dólares. Esta nueva adquisición se integraría en la división de producción de juegos de Amazon.

En junio de 2017, Amazon anunció que adquiriría Whole Foods, una cadena de supermercados de gama alta con más de 400 tiendas, por 13.400 millones de dólares. Los expertos en medios de comunicación consideraron la adquisición como un movimiento para reforzar su presencia física y desafiar la supremacía de Walmart como minorista físico. Este sentimiento se acentuó por el hecho de que el anuncio coincidió con la compra por parte de Walmart de la empresa de ropa masculina Bonobos. El

23 de agosto de 2017, los accionistas de Whole Foods, así como la Comisión Federal de Comercio, aprobaron la operación.

En septiembre de 2017, Amazon anunció sus planes de ubicar una segunda sede en un área metropolitana con al menos un millón de habitantes. Las ciudades debían presentar sus candidaturas antes del 19 de octubre de 2017 para el proyecto denominado HQ2. La segunda sede, de 5.000 millones de dólares, que comenzará con 500.000 pies cuadrados y se ampliará eventualmente hasta 8 millones de pies cuadrados, podría tener hasta 50.000 empleados. En 2017, Amazon anunció que construiría un nuevo edificio en el centro de Seattle con espacio para Mary's Place, una organización benéfica local en 2020.

A finales de 2017, Amazon contaba con más de 566.000 empleados en todo el mundo.

Según un artículo publicado el 8 de agosto de 2018 en Bloomberg Businessweek, Amazon tiene alrededor del 5 por ciento del gasto minorista estadounidense (excluyendo automóviles y piezas de automóviles y visitas a restaurantes y bares), y una cuota del 43,5 por ciento del gasto en línea estadounidense en 2018. La previsión es que Amazon posea el 49% del gasto total en línea estadounidense en 2018, con dos tercios de los ingresos de Amazon procedentes de EE.UU.

Amazon lanzó el programa de entrega de última milla y encargó 20.000 furgonetas Mercedes-Benz Sprinter para el servicio en septiembre de 2018.

Amazon generó 386.000 millones de dólares en ventas de comercio electrónico minorista en Estados Unidos en 2020, un 38% más que en 2019. Las ventas de Amazon en Marketplace representan una parte cada vez más dominante de su negocio de comercio electrónico.

El 14 de noviembre de 2022, se anunció que Amazon tenía planes de despedir a 10.000 empleados entre su personal corporativo y tecnológico.

HQ2

En noviembre de 2018, Amazon anunció que abriría su muy solicitada nueva sede, conocida como (HQ2) en Long Island City, Queens, Nueva York, y en el barrio de Crystal

City de Arlington, Virginia. El 14 de febrero de 2019, Amazon anunció que no seguía adelante con los planes de construir HQ2 en Queens, sino que se centraría únicamente en la ubicación de Arlington. La compañía planea ubicar al menos 25.000 empleados en HQ2 para 2030 e invertirá más de 2.500 millones de dólares para establecer su nueva sede en Crystal City, así como en las vecinas Pentagon City y Potomac Yard, un área comercializada conjuntamente como "National Landing." El anuncio también creó una nueva asociación con la Universidad Virginia Tech para desarrollar un Campus de Innovación que cubra la demanda de talento de alta tecnología en National Landing y más allá.

COVID-19

A finales de marzo de 2020, algunos trabajadores del almacén de Staten Island organizaron una huelga en protesta por la mala situación sanitaria de su lugar de trabajo en medio de la pandemia de COVID-19 de 2020. Uno de los organizadores, Chris Smalls, fue puesto primero en cuarentena sin que nadie más fuera puesto en cuarentena, y poco después despedido de la empresa.

La pandemia provocó un aumento de las compras en línea y provocó escasez de artículos de primera necesidad tanto en línea como en algunas tiendas físicas. Del 17 de marzo al 10 de abril de 2020, los almacenes de Amazon dejaron de aceptar artículos no esenciales de terceros vendedores. La empresa contrató a unos 175.000 trabajadores de almacén y repartidores adicionales para hacer frente a la oleada, y aumentó temporalmente los salarios en 2 dólares la hora.

Adquisición de MGM

Tras meses de especulaciones debido a los malos resultados financieros de MGM por el impacto de la pandemia del COVID-19 en la industria cinematográfica, Amazon entró en negociaciones para adquirir MGM por un valor estimado de 9.000 millones de dólares el 17 de mayo de 2021. Las empresas acordaron el acuerdo de fusión el 26 de mayo de 2021, por un valor total de 8.450 millones de dólares, sujeto a la aprobación de los organismos reguladores. El acuerdo permitiría a Amazon añadir la biblioteca de MGM al catálogo de Amazon Prime Video, y el estudio seguiría operando como sello bajo la nueva empresa matriz. La fusión se completó el 17 de marzo de

2022, tras la expiración del plazo de revisión de la FTC y después de haber sido aprobada por la Comisión Europea dos días antes, el 15 de marzo. Más tarde ese mismo día, el vicepresidente senior de Amazon Studios y Prime Video, Mike Hopkins, reveló que Amazon continuará asociándose con United Artists Releasing (la empresa de distribución conjunta de MGM y Annapurna Pictures), que seguirá en funcionamiento para estrenar todos los futuros títulos de MGM en salas "caso por caso", mientras que "todos los empleados de MGM se unirán a mi organización." También se reveló que Amazon no tenía planes de hacer cambios en el calendario de producción y estreno del estudio ni hacer que todo el contenido de MGM sea exclusivo de Prime Video, lo que proporciona cierta esperanza de que el estudio funcione de forma autónoma de Amazon Studios. Se espera que estos planes no afecten al futuro de la franquicia de James Bond ni a su equipo creativo. El 18 de marzo de 2022 se celebraron dos asambleas públicas en las que se detalló el futuro de MGM tras la fusión, una para los empleados de MGM y otra para los de Amazon Studios/Prime Video. Ambas revelaron la nueva estructura provisional de presentación de informes como parte del "plan de integración por fases" de Amazon, en el que De Luca,

27

Mark Burnett (presidente de MGM Worldwide Television) y el director de operaciones Chris Brearton informarían a Hopkins en nombre del estudio. El 27 de abril de 2022, se anunció que De Luca y Abdy abandonarían el estudio.

Amazon Go

El 22 de enero de 2018 se abrió al público en Seattle Amazon Go, una tienda que utiliza cámaras y sensores para detectar los artículos que un comprador coge de las estanterías y cargarlos automáticamente en su cuenta de Amazon. Los clientes escanean su aplicación Amazon Go al entrar, y se les exige tener una aplicación Amazon Go instalada en su smartphone y una cuenta de Amazon vinculada para poder entrar. La tecnología pretende eliminar las colas en las cajas. Amazon Go se abrió inicialmente para los empleados de Amazon en diciembre de 2016. A finales de 2018, habrá 8 tiendas Amazon Go en Seattle, Chicago, San Francisco y Nueva York.

Amazon Go es una cadena de tiendas de conveniencia en Estados Unidos y el Reino Unido, operada por el minorista en línea Amazon. Se trata de tiendas sin cajero, es decir, parcialmente automatizadas, en las que los clientes pueden comprar productos sin pasar por caja o utilizando una estación de autopago. En 2020, hay 29 tiendas abiertas y anunciadas en Seattle, Chicago, San Francisco, Londres y Nueva York.

29

Las tiendas Amazon Go fueron conceptualizadas y probadas por un equipo de ejecutivos de Amazon, que construyeron un supermercado simulado de 15.000 pies cuadrados en un almacén alquilado en Seattle, antes de revelar el trabajo al fundador de Amazon, Jeff Bezos, en 2015. La primera tienda, situada en el edificio Day 1 de la empresa, abrió sus puertas a los empleados el 5 de diciembre de 2016 y al público el 22 de enero de 2018. La tienda insignia vende productos como alimentos preparados, kits de comida, comestibles limitados y licores. Una variante más grande, Amazon Go Grocery, abrió en el barrio Capitol Hill de Seattle el 25 de febrero de 2020. Al mes siguiente, Amazon comenzó a ofrecer su tecnología a otros minoristas para que sus clientes pudieran realizar compras sin la intervención de cajeros o cuentas de Amazon.

Amazon Prime

Amazon Prime es un servicio de suscripción de pago de Amazon que está disponible en varios países y da a los usuarios acceso a servicios adicionales que de otro modo no estarían disponibles o lo estarían por un precio superior para otros clientes de Amazon. Entre sus servicios se incluyen la entrega de productos en el mismo día, en uno o dos días, y servicios de streaming de música, vídeo, libros electrónicos, juegos y compra de comestibles. En abril de 2021, Amazon informó de que Prime contaba con más de 200 millones de suscriptores en todo el mundo.

En 2005, Amazon anunció la creación de Amazon Prime, una suscripción que ofrece envío gratuito en dos días dentro de los Estados Unidos contiguos en todas las compras elegibles por una cuota anual fija de 79 dólares (equivalente a 110 dólares en 2021), así como tarifas de envío en un día con descuento. Amazon lanzó el programa en Alemania, Japón y Reino Unido en 2007; en Francia (como "Amazon Premium") en 2008, en Italia en 2011, en Canadá en 2013 y en India el 26 de julio de 2016.

La suscripción a Amazon Prime en Alemania, Reino Unido, Canadá, India y Estados Unidos también ofrece Amazon Video, la retransmisión instantánea de películas y programas de televisión seleccionados sin coste adicional. En noviembre de 2011, se anunció que los miembros Prime tienen acceso a la Biblioteca de Préstamo para Propietarios de Kindle, que permite a los usuarios tomar prestados determinados libros electrónicos populares de Kindle para su lectura gratuita en el hardware Kindle, hasta un libro al mes, sin fecha de vencimiento.

En marzo de 2014, Amazon anunció un aumento de la cuota anual de suscripción a Amazon Prime, de 79 a 99 dólares para los clientes de Estados Unidos. Poco después de este cambio, Amazon anunció Prime Music, un servicio en el que los miembros pueden obtener streaming ilimitado y sin publicidad de más de un millón de canciones y acceso a listas de reproducción curadas. En noviembre de 2014, Amazon añadió Prime Photos, que permite el almacenamiento ilimitado de fotos en Amazon Drive de los usuarios. En mayo de 2015, Amazon también empezó a ofrecer entregas gratuitas en el mismo día a los miembros de Prime en 14 áreas metropolitanas de Estados Unidos.

33

El 15 de julio de 2015, para conmemorar su 20 cumpleaños, Amazon celebró el "Amazon Prime Day", en el que Amazon anunció que ofrecería ofertas para los miembros prime que rivalizarían con las del Black Friday.

En enero de 2016, Amazon Prime alcanzó los 54 millones de miembros, según un informe de Consumer Intelligence Research Partners.

El 30 de septiembre de 2016, Twitch, filial de Amazon, anunció funciones premium exclusivas para los usuarios que tengan una suscripción activa a Amazon Prime (*Twitch Prime*), como el acceso sin publicidad al servicio y ofertas mensuales de videojuegos y contenidos complementarios.

En diciembre de 2016, Amazon comenzó a ofrecer la opción de pago mensual para las membresías Prime.

Historia de Amazon Prime

Historia temprana

En 2005, Amazon anunció Amazon Prime como un servicio de membresía que ofrecía envío gratuito en dos días dentro de los Estados Unidos contiguos en todas las compras elegibles por una cuota anual de 79 dólares (equivalente a 110 dólares en 2021) y tarifas de envío en un día con descuento. Amazon lanzó el programa en Alemania, Japón y Reino Unido en 2007; en Francia (como "Amazon Premium") en 2008, en Italia en 2011, en Canadá en 2013, en India en julio de 2016, en México en marzo de 2017, en Turquía en septiembre de 2020, en Suecia en septiembre de 2021 y en Polonia en octubre de 2021. Amazon Prime también está disponible en Irlanda, con planes para una gran expansión en 2022. En octubre de 2021, habrá miembros Prime en 22 países de Norteamérica, Europa y Asia-Pacífico.

2012-2016

La suscripción a Amazon Prime en Australia, Canadá, Alemania, Italia, Reino Unido, India y Estados Unidos incluye Amazon Video, el streaming instantáneo de películas y programas de televisión seleccionados sin coste adicional. En noviembre de 2011, se anunció que los miembros de Prime tenían acceso a la Biblioteca de Préstamo para Propietarios de Kindle, que permite a los usuarios tomar prestado hasta un libro electrónico Kindle al mes.Las personas con una dirección de correo electrónico en un dominio académico como .edu o .ac.uk, normalmente estudiantes, pueden optar a los privilegios de Prime Student, que incluyen descuentos en la suscripción a Prime.

En marzo de 2014, Amazon aumentó la cuota anual de suscripción a Amazon Prime en EE. UU. de 79 a 99 dólares. Poco después de este cambio, Amazon anunció Prime Music, que ofrece música en streaming ilimitada y sin publicidad. En noviembre de 2014, Amazon añadió Prime Photos, añadiendo almacenamiento ilimitado de archivos considerados fotografías en Amazon Drive de los usuarios. En mayo de 2015, Amazon comenzó a ofrecer entrega gratuita en el mismo día a los miembros de Prime en 14 áreas metropolitanas de Estados Unidos. En abril de 2015, Amazon inició una colaboración de prueba con Audi y DHL para realizar entregas directamente en los maleteros de los coches Audi, disponible en la zona de Múnich (Alemania) para algunos usuarios de coches Audi conectados.

En diciembre de 2015, Amazon declaró que "decenas de millones" de personas eran miembros de Amazon Prime. Amazon Prime sumó 3 millones de miembros durante la tercera semana de diciembre de 2015. Ese mes, Amazon anunció la creación del Streaming Partners Program, un servicio de suscripción que ofrece a los suscriptores de Amazon Prime servicios adicionales de vídeo en streaming. Entre los proveedores de programación que participan en el programa se encuentran Showtime, Starz. Lifetime Movie Club (que contiene títulos de películas originales recientes de Lifetime Television y Lifetime Movie Network), Smithsonian Earth y Qello Concerts.

2016-2022

En enero de 2016, Amazon Prime alcanzó los 54 millones de miembros, según un informe de Consumer Intelligence Research Partners. Varios informes de enero de 2016 afirmaban que casi la mitad de los hogares estadounidenses eran miembros de Amazon Prime en ese momento. En abril de 2016, Amazon anunció que la entrega en el mismo día se ampliaría para incluir las áreas de Charlotte, Cincinnati, Fresno, Louisville, Milwaukee, Nashville, Central New Jersey, Raleigh, Richmond, Sacramento, Stockton y Tucson, con lo que la cobertura total llegaría a 27 áreas metropolitanas. En septiembre de 2016, Amazon lanzó un servicio de entrega en restaurantes para miembros Prime en Londres (Inglaterra), con entrega gratuita en todos los pedidos superiores a 15 libras.

38

En septiembre de 2016, Twitch, filial de Amazon, anunció funciones disponibles para los usuarios con una suscripción a Amazon Prime (*Twitch Prime*), como ofertas mensuales de videojuegos y contenidos complementarios, y la posibilidad de adquirir una suscripción gratuita al canal de un usuario una vez al mes. A continuación, Amazon se asoció con diferentes desarrolladores de juegos ofreciendo botines dentro del juego como recompensa a los suscriptores. Los juegos incluidos en las recompensas fueron Apex Legends, Legends of Runaterra, FIFA Ultimate Team, Teamfight Tactics, Mobile Legends: Bang Bang, Doom Eternal, entre otros. En diciembre de 2016, Amazon comenzó a ofrecer la membresía Prime por una cuota mensual alternativa, en lugar de anual, de 10,99 dólares al mes, que aumentó a 12,99 dólares en febrero de 2018. Amazon también anunció Wickedly Prime, una línea de alimentos y bebidas de marca propia disponible para los miembros Prime.

Amazon anunció Prime Wardrobe, un servicio que permite a los clientes probarse ropa antes de pagar, en junio de 2017. También en 2017, Amazon anunció el programa Prime Exclusive Phone, que ofrece con descuento algunos smartphones de empresas como LG, Motorola y Nokia que muestran anuncios de Amazon en la pantalla de bloqueo.

En mayo de 2018, Amazon aumentó la cuota anual de membresía Prime en Estados Unidos de 99 a 119 dólares. En junio de 2019, Amazon amplió su entrega en un día con Amazon Prime, declarando que Prime Free One Day estaba disponible para los miembros estadounidenses en más de 10 millones de productos sin compra mínima.

El 3 de marzo de 2020, Amazon anunció que había instalado "minicentros de distribución" en determinadas ciudades de Estados Unidos, como Dallas, Orlando, Filadelfia y Phoenix, para reducir los plazos de entrega en el mismo día. Más tarde ese mismo mes, durante la pandemia de COVID-19, las fechas de entrega Prime express para varios artículos en stock alcanzaron retrasos de hasta un mes en EE. UU. en lugar de los 1-2 días habituales, ya que Amazon luchó por satisfacer la demanda excepcional y anunció que daría prioridad a los artículos más esenciales. A finales de 2020, Amazon Prime Pantry se había interrumpido en todos los lugares.

En febrero de 2022, Amazon anunció su primer aumento en casi cuatro años de la cuota anual de afiliación a Prime en Estados Unidos, que pasó de 119 a 139 dólares. El incremento se debió al aumento de los costes laborales y de envío.

En abril de 2022, Amazon lanzó "Comprar con Prime", un nuevo servicio para miembros Prime que les permite adquirir productos de comerciantes asociados y aprovechar los servicios de logística, devolución y cambio de Amazon.

El 1 de agosto de 2022, Amazon Prime estuvo disponible por primera vez en Indonesia, Tailandia y Filipinas. Su presencia pretende desarrollar contenidos locales e internacionales para los usuarios de Indonesia, el país con la economía más considerable del Sudeste Asiático. Posteriormente, los usuarios pueden acceder a Prime Video a través del sitio web oficial mediante diversas plataformas, como dispositivos móviles, tabletas y ordenadores portátiles.

En enero de 2023, Amazon anunció el lanzamiento de RXPass, un servicio de entrega de medicamentos con receta. Permite a los miembros estadounidenses de Amazon Prime pagar una cuota mensual de 5 dólares para acceder a 60 medicamentos. El servicio se puso en marcha inmediatamente después del anuncio, excepto en los estados con requisitos específicos de entrega de recetas. Los beneficiarios de programas sanitarios gubernamentales como Medicare y Medicaid no podrán inscribirse en RXPass.

Amazon Prime Video

Amazon Prime Video, también conocido como Prime Video y anteriormente Amazon Video y Prime Instant Video, es un servicio de vídeo bajo demanda de Amazon disponible actualmente en todo el mundo excepto Crimea, Rusia, China, Irán, Siria e Irak. En 2015, la serie *Transparent,* exclusiva de Prime Instant Video, ganó dos Globos de Oro, convirtiéndose en la primera serie de un servicio de streaming en ganar un Globo de Oro a la mejor serie.

Vídeo directo

El 10 de mayo de 2016, Amazon lanzó un servicio de vídeo llamado Amazon Video Direct que permite a los usuarios colocar vídeos disponibles para alquilar o poseer, para ver gratis con anuncios o para agruparlos y ofrecerlos como suscripción con anuncios. Amazon paga a los creadores el 50% de los ingresos obtenidos por el alquiler o la venta de los vídeos, pero en el caso de los vídeos con publicidad, los creadores obtendrán una parte de los ingresos por anuncios.

Música de primera

Prime Music es un servicio de música en streaming sin publicidad incluido en el precio de la suscripción estándar a Amazon Prime. Comenzó en 2007. En noviembre de 2022, el catálogo de música se amplió significativamente, y el estilo se cambió para ser similar a Pandora o escuchar una emisora de radio. Esto significa que cuando los usuarios eligen una canción, Prime Music reproduce algo similar, en lugar de la canción específica que se seleccionó. Cuando a los usuarios no les gusta la canción sustituida por Prime Music, pueden saltarse un número limitado de canciones por hora. Este cambio se introdujo como parte de un esfuerzo por reforzar a Amazon frente a las ofertas rivales de Walmart.

Amazon ofrece un servicio de suscripción independiente llamado Amazon Music Unlimited, que cuesta 8,99 $ al mes para los miembros Prime y 9,99 $ al mes para los demás. Los suscriptores de Music Unlimited pueden elegir qué canciones quieren escuchar sin ser redirigidos a canciones o artistas similares.

Los servicios de música en streaming de Amazon representan el 10% del mercado, por lo que son menos populares que Spotify y Apple Music.

Prime Video

El servicio debutó el 7 de septiembre de 2006 como Amazon Unbox en Estados Unidos. El 4 de septiembre de 2008, el servicio pasó a llamarse Amazon Video on Demand. El nombre Unbox sigue haciendo referencia al programa local, que desde agosto de 2014 ya no está disponible para descargar vídeos instantáneos comprados. El 22 de febrero de 2011, el servicio pasó a llamarse Amazon Instant Video.

Los servicios crecieron y en 2011 Amazon compró el servicio británico de streaming y alquiler de DVD por correo llamado Lovefilm y ahora los servicios combinados se relanzaron como Prime Video.

Juegos de primera

Amazon cambió el nombre de Twitch Prime a Amazon Prime Gaming en 2020. Los suscriptores de Amazon Prime o Prime Video también obtienen Prime Gaming sin coste adicional. La principal diferencia es que "para acceder a Prime Gaming, los clientes no necesitan tener una cuenta de Twitch (como en el caso de Twitch Prime)". Los suscriptores de Prime Gaming pueden canjear diversas recompensas en videojuegos externos, como botín digital, moneda o cosméticos que normalmente costarían dinero o serían exclusivos. Además, Prime Gaming permite suscribirse gratuitamente a un afiliado o socio de Twitch al mes.

Lectura prioritaria

A partir de octubre de 2016, los miembros de Prime en Estados Unidos reciben acceso a un conjunto rotativo de

45

libros electrónicos Kindle a través de Prime Reading. Algunas revistas y guías de viaje también están disponibles a través del servicio. Prime Reading no está relacionado con Kindle Unlimited y Kindle First, que siguen estando disponibles, ni con la Biblioteca de Préstamo para Propietarios de Kindle, que dejó de funcionar en enero de 2021.

Despensa de primera

Amazon Prime Pantry era un servicio de Amazon.com disponible solo para miembros Prime que empaquetaba artículos de supermercado cotidianos (no a granel) no perecederos en una sola caja para su entrega por una tarifa plana. El servicio estaba disponible en Estados Unidos, Austria, Francia, Alemania, India, Italia, Japón, España y Reino Unido. Amazon suspendió el programa en diferentes lugares en fechas distintas, haciendo que los artículos que antes se encontraban exclusivamente en Prime Pantry pudieran comprarse en la tienda principal. Se ofrecía una variedad de productos siempre cambiante pero limitada, pero en realidad la gama había disminuido desde que se lanzó el servicio por primera vez. Al seleccionar los artículos del programa Prime Pantry, cada artículo indicaba el porcentaje de espacio que ocuparía en la caja de entrega. Un total continuo mostraba el grado de llenado de la caja. La tarifa de entrega seguía siendo la misma independientemente del porcentaje de llenado. A finales de 2020, el servicio se había interrumpido en todas las ubicaciones.

Prime Now

En diciembre de 2014, Amazon anunció que, como beneficio para los miembros Prime ubicados en zonas de Manhattan y Nueva York, la capacidad de obtener productos entregados a ellos dentro de una hora por un cargo de $ 7.99, o dentro de dos horas sin cargo adicional. A partir de 2014, 25.000 productos esenciales diarios estaban disponibles con este servicio de entrega. En febrero de 2015, el servicio se amplió para incluir todo Manhattan. A mediados de 2016, se había ampliado en Estados Unidos para incluir partes de Chicago, Miami, Baltimore, Seattle, Dallas, Atlanta, Austin, Nashville, Portland, San Antonio y Tampa. Fuera de Estados Unidos, se ha extendido a partes del Reino Unido, Italia, Alemania, Francia, España, Japón y Singapur. Para satisfacer las necesidades bajo demanda de Prime Now, Amazon lanzó además Amazon Flex, una plataforma para que contratistas independientes presten servicios de entrega.

Llave del Amazonas

En casa

En octubre de 2017, Amazon.com añadió una opción para que los miembros Prime recibieran entregas a domicilio por parte de sus contratistas Amazon Flex, que acceden mediante un código de un solo uso. El servicio, Amazon Key, se puso a disposición de los clientes residentes en 37 áreas metropolitanas de Estados Unidos en abril de 2018. A partir de 2018, el servicio requería una cerradura inteligente Kwikset o Yale y una versión especial de la cámara de seguridad Cloud Cam de Amazon.

Los clientes disponen de un plazo de cuatro horas para la entrega del paquete. Una vez que el mensajero abre la puerta, la Cloud Cam graba un clip hasta que se cierra la puerta, que se envía al smartphone del cliente. Los participantes en el servicio también pueden utilizar la aplicación complementaria Amazon Key para iOS y Android para bloquear y desbloquear la puerta, controlar la cámara y emitir llaves virtuales.

Un mes después de la puesta en marcha del servicio, un experto en seguridad detectó un fallo, ya corregido, en el sistema que congelaba la cámara y detenía la transmisión de imágenes.

En el coche

Amazon Key In-Car es un servicio que permite a los propietarios de vehículos con OnStar (que sean modelos 2015+) o Volvo on Call, recibir paquetes en el maletero de su vehículo. El servicio está disponible en las mismas zonas que la entrega a domicilio de Amazon Key, pero no requiere hardware adicional. Los clientes disponen de un plazo de entrega de cuatro horas. Durante ese tiempo, el vehículo debe estar en una zona de acceso público.

En el garaje

En CES 2019, Amazon anunció una asociación con Chamberlain Group, que permite colocar paquetes en los garajes de los clientes con abridores habilitados para myQ, como parte del servicio Key.

Prime Air

60 Minutes informó el 1 de diciembre de 2013 de que Amazon Prime Air era un posible servicio de entrega futuro que se espera que esté en desarrollo durante varios años más. En principio, el proceso utilizaría drones para entregar paquetes pequeños (de menos de dos kilos) en 30 minutos volando distancias cortas (10-20 km) desde los centros locales de Amazon Fulfillment. En Estados Unidos, el proyecto requerirá que la Administración Federal de Aviación apruebe el uso comercial de drones no tripulados.

En julio de 2014, se reveló que la compañía estaba desarrollando su octavo y noveno prototipos de drones, unos que podían volar a 80 kilómetros por hora y transportar paquetes de 1,5 kilos, y que había solicitado a la FAA que los pusiera a prueba. En enero de 2021, el proyecto aún no está en vuelo, aunque Amazon recibió la aprobación de la FAA en Estados Unidos en agosto de 2020.

El 13 de junio de 2022, Amazon anunció que entregará productos utilizando drones Prime Air a los clientes que residan en la pequeña localidad de Lockeford, California. En el momento del anuncio, no hay fecha exacta de lanzamiento más allá de "a finales de este año", ya que

Amazon espera el permiso de la FAA y de los funcionarios de Lockeford.

Prime Day

El 15 de julio de 2015, para conmemorar el 20 aniversario del sitio web, Amazon celebró su primer Prime Day. El evento se caracteriza por una serie de ventas y promociones exclusivas para los suscriptores de Amazon Prime, y Amazon promocionó inicialmente que contaría con "más ofertas que el Black Friday". El Prime Day inaugural se enfrentó a críticas sobre la calidad de los descuentos ofrecidos, ya que muchos de ellos estaban vinculados a artículos que no tenían una gran demanda. Algunos usuarios describieron en broma el evento como una "venta de garaje", y Walmart también contrarrestó el evento con una entrada promocional en su blog en la que argumentaba que los clientes "no deberían tener que pagar 100 dólares para encontrar grandes ofertas". Amazon defendió las críticas al evento, señalando que el volumen de pedidos en el sitio web había "superado" las ventas del Black Friday en 2014. Ese mismo mes, Amazon Prime anunció que había fichado a Jeremy Clarkson, Richard Hammond y James May, ex integrantes del

51

programa *Top Gear* de la BBC, para empezar a trabajar en *The Grand Tour* para Amazon Prime Video, que se estrenó en 2016.

El 13 de julio de 2016, Amazon Prime dijo que los clientes hicieron un 60 por ciento más de pedidos en todo el mundo en el "Prime Day". La edición de 2018 estuvo precedida por un concierto encabezado por Ariana Grande y retransmitido en Amazon Video y Twitch. El concierto de 2019 se celebró el 10 de julio antes del "Prime Day" que comienza el 15 de julio, y se retransmitió en exclusiva para los suscriptores de Prime, con Taylor Swift, Dua Lipa, Becky G y SZA.

En 2018, el Prime Day se vinculó por primera vez a protestas de Amazon y huelgas de empleados debido al trato que reciben los trabajadores en sus centros de cumplimiento. Los partidarios de estas acciones han instado a boicotear a Amazon durante el Prime Day como solidaridad, abarcando todos los servicios prestados por la empresa y sus filiales.

En 2020, el Prime Day se pospuso en EE.UU. y Canadá debido a la pandemia de COVID-19, y se celebró del 13 al

14 de octubre. El Prime Day se celebró en la India los días 6 y 7 de agosto.

En mayo de 2021, el Prime Day se pospuso indefinidamente en Canadá debido al COVID-19.

Disponibilidad

A partir de octubre de 2021, las membresías Prime están disponibles en 23 países: Alemania, Arabia Saudí, Austria, Australia, Bélgica, Brasil, Canadá, China, España, Estados Unidos, Francia, India, Irlanda, Italia, Japón, Luxemburgo, México, Países Bajos, Polonia, Portugal, Reino Unido, Singapur, Suecia y Turquía.

Tecnología y aplicación

Amazon utiliza varias tecnologías para automatizar las tiendas Go, como visión por ordenador, algoritmos de aprendizaje profundo y fusión de sensores para los pasos de compra, caja y pago asociados a una transacción minorista. El concepto de tienda se considera un modelo revolucionario que se basa en la prevalencia de los teléfonos inteligentes y la tecnología de geovallas para agilizar la experiencia del cliente, así como la cadena de
53

suministro y la gestión de inventarios. Sin embargo, el lanzamiento público del prototipo de Amazon Go en Seattle se retrasó debido a problemas con la capacidad de los sensores para seguir a varios usuarios u objetos dentro de la tienda, como cuando los niños mueven artículos a otras estanterías o cuando varios clientes tienen un hábito corporal similar.

La aplicación Amazon Go para iOS y Android está vinculada a su cuenta de Amazon y es el principal método de pago de artículos en la tienda, junto con el efectivo en determinados lugares. La aplicación es necesaria para entrar en la tienda, que cuenta con torniquetes que escanean un código QR generado en la aplicación. La aplicación permite a los usuarios añadir a otras personas a su cuenta de Amazon, de modo que las compras de una familia pueden cargarse a la misma factura. El techo de la tienda cuenta con varias cámaras y las estanterías tienen sensores de peso para detectar qué artículos se ha llevado el cliente. Si un cliente coge un artículo de la estantería, se añadirá a su carrito virtual. Del mismo modo, si un cliente vuelve a colocar un artículo en la estantería, se retira del carrito virtual del cliente.

Ubicaciones

En febrero de 2023, hay 29 tiendas (establecidas) en Estados Unidos y 15 en el Reino Unido.

Tiendas

En su informe sobre la apertura del primer local, *The Wall Street Journal* afirmó que Amazon tenía previsto abrir al menos tres tiendas, cada una con un formato diferente. En octubre de 2016, *Business Insider informó de que* había visto documentos internos de Amazon en los que se detallaban planes para abrir hasta 2.000 tiendas en los próximos diez años. Esto fue desmentido por un portavoz de Amazon, que insistió en que la empresa aún estaba aprendiendo.

The Verge informó de que estaba previsto que la primera tienda abriera al público a principios de enero de 2017, precedida de una versión beta en diciembre de 2016 solo para empleados de Amazon. Con 1.800 pies cuadrados (170 m^2), solo tenía el tamaño de una tienda de barrio. En octubre de 2017, la tienda aún no se había abierto al público debido a problemas con la tecnología de seguimiento de más de 20 personas a la vez. Finalmente, la apertura al público tuvo lugar el 22 de enero de 2018.

Además de marcas de renombre y marcas locales, la tienda vende muchas de las marcas de la casa de Amazon, como Wickedly Prime y 365. Un segundo local en el centro de Seattle, en el Madison Centre, abrió el 27 de agosto de 2018. La tercera tienda Amazon Go, en el complejo Troy Block en South Lake Union, es la segunda más grande con 2.100 pies cuadrados (200 m^2) y abrió en septiembre de 2018.

En mayo de 2018, *The Seattle Times* informó que Amazon planeaba abrir tiendas Amazon Go en Chicago y San Francisco; y en septiembre, se confirmó que la compañía planeaba abrir una tienda en la ciudad de Nueva York. En septiembre de 2018, Amazon Go abrió su primera ubicación fuera de Seattle en las oficinas de la compañía en Chicago Loop. Ese mismo mes, *Bloomberg News* informó que Amazon estaba considerando planes para abrir hasta 3,000 ubicaciones de Amazon Go en todo Estados Unidos para 2021. El 23 de octubre de 2018 se abrió un local de Amazon Go en San Francisco, en el número 98 de Post Street.

En respuesta a la posible discriminación contra las personas de bajos ingresos, San Francisco, Filadelfia y Nueva Jersey han aprobado leyes que prohíben las tiendas y los minoristas sin efectivo. Una nueva tienda Amazon Go en la ciudad de Nueva York abrió el 7 de mayo de 2019, con aceptación de efectivo en respuesta a críticas anteriores sobre el uso de compras solo a través de aplicaciones y sus efectos sobre los pobres. En respuesta a la legislación, las tiendas de San Francisco también aceptan dinero en efectivo, con un encargado en la entrada que permite la entrada y salida de los clientes si no tienen la app.

El 25 de febrero de 2020, Amazon abrió la primera tienda Amazon Go Grocery en el barrio Capitol Hill de Seattle. La tienda Go Grocery es significativamente más grande que otras tiendas Go, con 10.400 pies cuadrados (970 m^2), y ofrece 5.000 artículos, incluyendo productos frescos y productos horneados. En septiembre de 2020 se abrió una segunda tienda Go Grocery en el barrio de Overlake, en Redmond (Washington).

En 2023, Amazon anunció que cerraría ocho tiendas Amazon Go en Seattle, Nueva York y San Francisco.

Amazon 4-Estrellas

Amazon anunció para debutar el Amazon 4 estrellas en Nueva York, Soho barrio Spring Street entre Crosby y Lafayette el 27 de septiembre de 2018. La tienda cuenta con productos de 4 estrellas o más valorados de todo Nueva York. El sitio web de Amazon busca los productos más valorados, más demandados, comprados con frecuencia y más deseados, que luego se venden en la nueva tienda de Amazon bajo categorías separadas. Junto con las etiquetas de precio en papel, también estarán disponibles las fichas de reseñas en línea para que los clientes las lean antes de comprar el producto. A finales de 2021, Amazon abrió dos tiendas de 4 estrellas en el Reino Unido. Su tienda en el centro comercial Bluewater de Kent abrió en octubre, y su tienda en Westfield London abrió en noviembre.

En marzo de 2022, Amazon anunció que cerraría todas las tiendas de 4 estrellas, junto con sus tiendas de libros y Pop Up, en Estados Unidos y Reino Unido, afirmando que se volvían a centrar en sus tiendas de comestibles y moda.

Fusiones y adquisiciones

Amazon ha crecido a través de varias fusiones y adquisiciones. La empresa también ha invertido en varias empresas en crecimiento, tanto en Estados Unidos como a nivel internacional. En 2014, Amazon compró el dominio de primer nivel .buy en una subasta por más de 4 millones de dólares. La empresa ha invertido en marcas que ofrecen una amplia gama de servicios y productos, como Engine Yard, una plataforma Ruby-on-Rails como empresa de servicios, y Living Social, un sitio de ofertas locales.

59

Productos y servicios de Amazon

Esta es una lista de productos y servicios ofrecidos por la empresa estadounidense Amazon.

Productos al por menor

Las líneas de productos de Amazon incluyen (libros, DVD, CD de música, cintas de vídeo y software), ropa, productos para bebés, electrónica de consumo, productos de belleza, comida gourmet, comestibles, artículos de salud y cuidado personal, suministros industriales y científicos, artículos de cocina, joyería y relojería, artículos de jardinería, instrumentos musicales, artículos deportivos, herramientas, artículos de automoción y juguetes/juegos.

La empresa lanzó amazon.com Auctions, un servicio de subastas por Internet, en marzo de 1999. Sin embargo, no consiguió restar cuota de mercado a eBay, pionera del sector. Más tarde, la empresa lanzó un mercado de precios fijos, zShops, en septiembre de 1999, y la ya desaparecida asociación con Sotheby's, llamada *Sothebys.amazon.com*, en noviembre. Las subastas y zShops evolucionaron hasta convertirse en Amazon Marketplace, un servicio lanzado en noviembre de 2000 que permitía a los clientes vender libros, CD, DVD y otros productos usados junto con artículos nuevos. En octubre de 2014, Amazon Marketplace era el mayor de su clase, seguido de los mercados similares de Sears, Rakuten y Newegg.

En agosto de 2007, Amazon anunció AmazonFresh, un servicio de comestibles que ofrecía alimentos perecederos y no perecederos. Los clientes podían recibir los pedidos en sus casas al amanecer o durante una franja horaria específica. La entrega se limitó inicialmente a los residentes de Mercer Island, Washington, y más tarde se amplió a varios códigos postales de Seattle. AmazonFresh también gestionó puntos de recogida en los suburbios de Bellevue y Kirkland desde el verano de 2007 hasta principios de 2008.

En 2012, Amazon anunció el lanzamiento de Vine.com para comprar productos ecológicos, como comestibles, artículos para el hogar y ropa. Forma parte de Quidsi, la empresa que Amazon compró en 2010 y que también gestiona los sitios Diapers.com (bebé), Wag.com (mascotas) y YoYo.com (juguetes). Amazon también es propietaria de otros sitios de comercio electrónico como Shopbop.com, Woot.com y Zappos.com.

El programa Suscríbete y ahorra de Amazon ofrece un precio con descuento en un artículo (normalmente vendido al por mayor), envío gratuito en cada envío de Suscríbete y ahorra y envío automático del artículo cada uno, dos, tres o seis meses.

En 2013, Amazon lanzó su sitio en India, Amazon.in. Empezó con artículos electrónicos. En julio de 2014, Amazon dijo que invertiría 2.000 millones de dólares (12.000 millones de rupias) en la India para ampliar su negocio, después de que su mayor rival indio, Flipkart, anunciara una financiación de 1.000 millones de dólares.

En 2014, Amazon vendió el 63% de todos los libros comprados en línea y el 40% de todos los libros vendidos en general.

En 2015, un estudio de Survata reveló que el 44 % de los encuestados que buscaban productos iban directamente a Amazon.com.

El 30 de septiembre de 2015, Amazon anunció el lanzamiento de Merch by Amazon, un servicio destinado a ayudar a los creadores de contenidos a generar ingresos mediante la venta de camisetas de marca y otros artículos de merchandising como camisetas de manga larga, sudaderas, sudaderas con capucha y agarres PopSockets, diseñados por creadores y vendidos, producidos y suministrados por Amazon. Desde el verano de 2018, el servicio también está disponible en los marketplaces europeos de Alemania y Gran Bretaña.

En octubre de 2015, Amazon anunció un nuevo mercado de productos hechos a mano llamado Handmade By Amazon, que ya cuenta con 5.000 vendedores de 60 países y 80.000 artículos a la venta. La plataforma está diseñada para que los artesanos vendan sus productos directamente al público, de forma similar a la plataforma Etsy.

En septiembre de 2020, Amazon lanzó Luxury Stores en su aplicación móvil, donde Oscar de la Renta se convirtió en la primera y única marca en asociarse con la firma.

Electrónica de consumo

64

En noviembre de 2007, Amazon lanzó el Kindle, un lector electrónico que descarga contenidos a través de "Whispernet", la red inalámbrica EV-DO de Sprint. La pantalla utiliza la tecnología E Ink para reducir el consumo de batería y ofrecer una visualización más legible. En julio de 2014, hay más de 2,7 millones de libros electrónicos disponibles para su compra en la Kindle Store. A partir de 2012 Amazon comenzó a ofrecer diferentes modelos dentro de las generaciones de sus lectores comenzando con el Paperwhite, Voyage, y más recientemente el Oasis 2 lanzado en octubre de 2017.

En septiembre de 2011, Amazon anunció su entrada en el mercado de las tabletas informáticas con la presentación del Kindle Fire, que ejecuta una bifurcación personalizada del sistema operativo Android. El bajo precio de Fire (199 dólares) se percibió ampliamente como una estrategia respaldada por los ingresos de Amazon procedentes de sus ventas de contenidos, que se verían estimulados por el acceso a las tabletas Fire.

En septiembre de 2012, Amazon dio a conocer la tableta de segunda generación, llamada Kindle Fire HD. El 25 de septiembre de 2013, Amazon.com presentó su tableta de tercera generación, llamada Kindle Fire HDX.

En abril de 2014, Amazon anunció su sistema set-top box Amazon Fire TV, un dispositivo destinado a competir con sistemas como Apple TV o el dispositivo Chromecast de Google. El descodificador de Amazon permite ver vídeos en streaming desde sitios como el propio servicio de streaming de Amazon y otros como Netflix o Hulu. El dispositivo también admite la búsqueda por voz de películas, así como juegos, que incluyen versiones especiales de *Minecraft*, *Asphalt 8* y *The Walking Dead*. Amazon anunció el Fire TV Stick en octubre de 2014. El dispositivo reproduce gran parte de la funcionalidad del Fire TV.

La empresa entró en el mercado de los smartphones en julio de 2014 con el lanzamiento del Fire Phone. Debido a las malas ventas y acogida, Amazon lo descatalogó en agosto de 2015.

En 2014, Amazon puso a la venta un altavoz inteligente con voz llamado Echo. En marzo de 2016, Amazon lanzó el Amazon Echo Dot, una versión más pequeña y asequible del Echo.

Contenidos digitales

El Sistema de Honor de Amazon se puso en marcha en 2001 para permitir a los clientes hacer donaciones o comprar contenidos digitales, recaudando Amazon un porcentaje del pago más una comisión; sin embargo, el servicio se interrumpió en 2008 y fue sustituido por Amazon Payments.

El 25 de septiembre de 2007, Amazon Music, una tienda de música en línea, se lanzó como Amazon MP3 en EE.UU. vendiendo descargas exclusivamente en formato MP3 sin gestión de derechos digitales. (Además de la ley de derechos de autor, los acuerdos de condiciones de uso de Amazon restringen el uso de los MP3, pero Amazon no utiliza la gestión de derechos digitales (DRM) para hacer cumplir esas condiciones). Además de sellos discográficos independientes, Amazon MP3 vende principalmente música de los "4 grandes" sellos discográficos: EMI, Universal, Warner Bros. Records y Sony Music. Antes del lanzamiento de este servicio, Amazon realizó una inversión en Amie Street, una tienda de música con un modelo de precios variable basado en la demanda. Amazon MP3 fue la primera oferta en línea de música sin DRM de las cuatro grandes discográficas.

En noviembre de 2007 se lanzó Kindle Store, una tienda de comercio electrónico de libros electrónicos a la que se puede acceder desde cualquier Kindle de Amazon, tableta Fire o aplicación móvil Kindle. En su lanzamiento, la tienda contaba con más de 88.000 títulos digitales disponibles. Esta cifra aumentó a más de 765.000 en agosto de 2011 y en enero de 2017 había más de cinco millones de libros electrónicos disponibles en Estados Unidos.

En enero de 2008, Amazon empezó a distribuir su servicio MP3 a sitios web subsidiarios de todo el mundo y, en diciembre de 2008, Amazon MP3 se puso a disposición de los consumidores en el Reino Unido. En el momento del lanzamiento de Amazon MP3 en el Reino Unido, se pusieron a disposición de los consumidores más de 3 millones de canciones libres de gestión de derechos digitales (DRM), con precios a partir de 59 peniques, frente a los 79 de Apple.

En julio de 2010, Amazon anunció que las ventas de libros electrónicos para su lector Kindle superaron a las de libros de tapa dura por primera vez en la historia durante el segundo trimestre de 2010. Amazon afirma que, durante ese periodo, se vendieron 143 libros electrónicos por cada 100 libros de tapa dura, incluidos los de tapa dura para los que no existe edición digital; y durante finales de junio y principios de julio, las ventas aumentaron a 180 libros digitales por cada 100 de tapa dura.

El 22 de marzo de 2011, Amazon lanzó la Amazon Appstore para dispositivos Android y el servicio estuvo disponible en más de 200 países. También en 2011, Amazon anunció el lanzamiento de una tienda de descargas para Mac con decenas de juegos y cientos de programas para ordenadores Apple.

En enero de 2013, Amazon lanzó AutoRip, un servicio de música digital. El servicio permite a los clientes recibir una copia MP3 gratuita de determinados CD comprados a través de Amazon. Amazon anunció en septiembre de 2013 que lanzaría Kindle MatchBook en octubre de 2013, un servicio similar para libros que permite a los clientes que compran libros en Amazon adquirir una copia de libro

69

electrónico de forma gratuita, o a un precio con descuento de 3 dólares o menos. MatchBook se lanzó en el sitio web de la empresa el 29 de octubre de 2013.

En octubre de 2016, Amazon Music lanzó un servicio de streaming de música llamado "Amazon Music Unlimited". A diferencia de Prime Music, con su catálogo algo limitado, este servicio de streaming musical independiente cuenta con "decenas de millones" de canciones y pretende competir con líderes del streaming musical como Spotify y Pandora Radio. Tiene una estructura de precios similar, aunque con un descuento de 2 dólares al mes para los miembros de Amazon Prime.

Estudios Amazon

Amazon Studios es una división corporativa que desarrolla programas de televisión, películas y cómics a partir de propuestas en línea y comentarios de la comunidad. Se creó a finales de 2010. Los contenidos se distribuirán a través de Amazon Video, el servicio de streaming de vídeo digital de Amazon, competidor de servicios como Netflix y Hulu. En el caso de las películas, Warner Bros. es socio.

Amazon Games Studios

En octubre de 2008, Amazon adquirió el desarrollador y distribuidor de juegos Reflexive Entertainment. Este estudio continuó desarrollando juegos para PC, Mac y eReaders Kindle bajo las marcas Reflexive y Amazon Digital Services. Entre los títulos más destacados se encuentran Every Word para Kindle Paperwhite y Airport Mania para Kindle Fire, Android, iOS Windows y Mac.

En agosto de 2012, Amazon anunció que incorporaría un departamento de juegos a su empresa, Amazon Game Studios. Amazon declaró que introduciría "juegos innovadores, divertidos y bien elaborados" para los consumidores. Según el sitio web de Amazon Game Studios, el último juego lanzado por el departamento fue *Air Patriots*, el primer juego para móviles de Amazon, lanzado el 1 de noviembre de 2012.

El 6 de febrero de 2014, Amazon confirmó la adquisición de la empresa de juegos Double Helix Games sin indicar las condiciones financieras. Los 75 empleados de Double Helix pasarían a ser empleados de Amazon y su sede en Orange County, California, seguiría siendo su base de operaciones. Amazon informó al medio *TechCrunch de que* "adquirió Double Helix como parte de nuestro compromiso continuo [de Amazon] de crear juegos innovadores para los clientes" y confirmó que la actual lista de juegos de Double Helix y otros desarrollos futuros recibirán apoyo tras la adquisición.

El 25 de agosto de 2014, Amazon anunció su intención de adquirir el sitio web de streaming de videojuegos Twitch por 970 millones de dólares. Se espera que la adquisición de Twitch ayude a Amazon a impulsar el tráfico en Internet y, potencialmente, su programa de suscripción Prime, así como a promover su negocio de anuncios de vídeo y decodificadores Fire TV.

Amazon Luna

El 24 de septiembre de 2020, Amazon anunció Amazon Luna, un servicio de juegos en la nube con una biblioteca inicial de unos 100 títulos.

Entrega

Para reducir costes, Amazon ha ido prescindiendo de los proveedores de transporte tradicionales para las entregas de última milla. La empresa posee más de 30.000 furgonetas de reparto, que subarrienda a pequeñas empresas, que optan por trabajar en exclusiva con la empresa en el marco de su programa Amazon Logistics. En 2019, Amazon encargó 100.000 furgonetas de reparto eléctricas, que se entregarán entre 2021 y 2030. Para su servicio de una y dos horas, Prime Now, Amazon distribuye rutas a contratistas independientes a través de su app Flex. A los contratistas Flex se les paga en función de cuánto tiempo cree Amazon que durará la ruta de reparto, y utilizan su vehículo personal para hacer estas entregas. Actualmente se están desarrollando robots "Scout" de seis ruedas para entregas en aceras y drones bajo la denominación Prime Air. Amazon también contrata directamente envíos de carga entre sus almacenes por camión y a través de Amazon Air.

Comestibles

Amazon Fresh es un servicio de entrega de comestibles a domicilio que se puso a prueba por primera vez en 2007, y más tarde estuvo disponible en Boston, Seattle, Los Ángeles, San Francisco, California, San Diego, Brooklyn, Nueva York y Filadelfia. En 2017, Amazon compró Whole Foods y empezó a vender productos de la marca 365 a través de Amazon Fresh.

Amazon Prime Pantry es un servicio similar que cubre los 48 estados contiguos de Estados Unidos y permite encargar hasta 45 libras de productos secos y comestibles no perecederos por una tarifa plana de entrega.

Empresas Amazon

Amazon Supply, lanzada en 2012, ofrece componentes industriales y científicos y suministros de mantenimiento, reparación y operaciones (MRO). Amazon Supply se desarrolló a partir de la experiencia de Smallparts.com, adquirida en 2005. El 28 de abril de 2015, el servicio de alcance limitado fue sustituido por Amazon Business. Amazon Business es un servicio que ofrece a los empresarios registrados una plataforma consolidada para comprar productos y suministros de Amazon. Los usuarios empresariales tienen acceso a ventajas de envío, descuentos en productos elegibles, análisis de compras y comparaciones de precios de diferentes vendedores.

Amazon Drive

Amazon Drive, antes conocido como Cloud Drive, es una aplicación de almacenamiento en la nube que ofrece almacenamiento seguro en la nube, sincronización de

74

archivos, uso compartido de archivos e impresión de fotos. Utilizando una cuenta de Amazon, los archivos y carpetas pueden transferirse y gestionarse desde múltiples dispositivos, incluidos navegadores web, aplicaciones de escritorio, móviles y tabletas. Amazon Drive también permite a sus usuarios de EE.UU. encargar impresiones fotográficas y álbumes de fotos mediante el servicio Amazon Prints.

Amazon Photos es un servicio relacionado orientado a almacenar, organizar y compartir fotos y vídeos. Los usuarios Prime obtienen almacenamiento ilimitado gratuito para fotos en su formato original, incluidos algunos archivos RAW. Los vídeos y las fotos de los usuarios que no son Prime ocupan espacio en Drive.

Marcas blancas y acuerdos exclusivos de comercialización

En agosto de 2005, Amazon comenzó a vender productos bajo su propia marca privada, "Pinzon"; las solicitudes de marca indicaban que la etiqueta se utilizaría para productos textiles, utensilios de cocina y otros artículos para el hogar. En marzo de 2007, la empresa solicitó ampliar la marca para cubrir una lista más diversa de productos y registrar un nuevo diseño consistente en la "palabra PINZON en letras estilizadas con una letra "O" dentada que aparece en la posición de la "una en punto"". La cobertura de la marca creció hasta incluir artículos como pinturas, alfombras, papel pintado, accesorios para el cabello, ropa, calzado, sombrerería, productos de limpieza y joyería. En septiembre de 2008, Amazon solicitó el registro del nombre. La USPTO ha finalizado el examen de la solicitud, pero Amazon aún no ha recibido el registro oficial del nombre.

AmazonBasics es una línea de productos de marca propia, compuesta principalmente por accesorios de electrónica de consumo, pero que también incluye accesorios para el hogar y la oficina. La línea se lanzó en 2009.

En 2014, Amazon lanzó Amazon Elements, una línea de productos domésticos que incluye toallitas para bebés y (antes) pañales.

A principios de 2017, Amazon lanzó una línea de aperitivos bajo el nombre Wickedly Prime. Los productos, como patatas fritas y galletas, solo están disponibles para miembros de Amazon Prime.

Una exclusiva de Amazon.com es un producto que está disponible exclusivamente en Amazon.com. Algunos DVD son producidos por el propietario de la película o producto, mientras que otros son producidos por la propia Amazon.com. Los DVD producidos por Amazon se fabrican utilizando su programa "CreateSpace", en el que los DVD se crean, al hacer el pedido, utilizando tecnología DVD-R. Los DVD se envían aproximadamente una semana después del pedido. Los DVD se envían unos dos días después. Algunos DVD (como la Temporada 1 de *Jersey Shore* o la Temporada 1 de *The Unusuals*) se lanzan primero como exclusiva de Amazon.com durante un tiempo limitado antes de salir a la venta en otros lugares. El 23 de mayo de 2011, Amazon.com permitió a los clientes descargar el álbum *Born This Way* de Lady Gaga por 99 céntimos, lo que provocó que algunas descargas se retrasaran, debido a un volumen extremadamente alto de descargas.

Amazon.es

77

Amazon.com es una plataforma de comercio electrónico que vende muchas líneas de productos, como medios de comunicación (libros, películas, música y software), ropa, productos para bebés, electrónica de consumo, productos de belleza, comida gourmet, comestibles, productos para la salud y el cuidado personal, suministros industriales y científicos, artículos de cocina, joyería, relojes, artículos para el césped y el jardín, instrumentos musicales, artículos deportivos, herramientas, artículos de automoción, juguetes y juegos, y suministros agrícolas y servicios de consultoría. Los sitios web de Amazon son específicos de cada país (por ejemplo, amazon.com para EE.UU. y amazon.fr para Francia), aunque algunos ofrecen envíos internacionales.

Las visitas a *amazon.com* pasaron de 615 millones anuales en 2008 a más de 2.000 millones al mes en 2022. La plataforma de comercio electrónico es el 14º sitio web más visitado del mundo.

Los resultados generados por el motor de búsqueda de Amazon están determinados en parte por tarifas promocionales. Los escaparates localizados de la empresa, que difieren en selección y precios, se

diferencian por el dominio de primer nivel y el código de
país:

Asociaciones comerciales

En 2000, la juguetera estadounidense Toys "R" Us firmó
un acuerdo de 10 años con Amazon, valorado en 50
millones de dólares al año más una parte de las ventas, en
virtud del cual Toys "R" Us sería el proveedor exclusivo de
juguetes y productos para bebés en el servicio, y el sitio
web de la cadena redirigiría a la categoría Toys & Games
de Amazon. En 2004, Toys "R" Us demandó a Amazon,
alegando que, debido a la percepción de falta de variedad
en las existencias de Toys "R" Us, Amazon había
permitido a sabiendas que terceros vendedores ofrecieran
artículos en el servicio en categorías en las que Toys "R"
Us había obtenido la exclusividad. En 2006, un tribunal
falló a favor de Toys "R" Us, otorgándole el derecho a
rescindir su acuerdo con Amazon y establecer su sitio web
de comercio electrónico independiente. Posteriormente, la
empresa fue indemnizada con 51 millones de dólares por
daños y perjuicios.

En 2001, Amazon firmó un acuerdo similar con Borders Group, en virtud del cual Amazon gestionaría Borders.com como un servicio de marca compartida. Borders abandonó el acuerdo en 2007, con planes de lanzar también su propia tienda online.

El 18 de octubre de 2011, Amazon.com anunció una asociación con DC Comics para los derechos digitales exclusivos de muchos cómics populares, como *Superman*, *Batman*, *Green Lantern*, *The Sandman* y *Watchmen*. La asociación ha provocado que librerías tan conocidas como Barnes & Noble retiren estos títulos de sus estanterías.

En noviembre de 2013, Amazon anunció una asociación con el Servicio Postal de Estados Unidos para empezar a entregar pedidos los domingos. El servicio, incluido en las tarifas de envío estándar de Amazon, se inició en las áreas metropolitanas de Los Ángeles y Nueva York debido al gran volumen de pedidos y a la imposibilidad de entregarlos a tiempo, con planes de ampliación a Dallas, Houston, Nueva Orleans y Phoenix en 2014.

En junio de 2017, Nike acordó vender productos a través de Amazon a cambio de una mejor vigilancia de los productos falsificados. Esto resultó infructuoso y Nike se retiró de la asociación en noviembre de 2019. Empresas como IKEA y Birkenstock también dejaron de vender a través de Amazon más o menos al mismo tiempo, citando frustraciones similares sobre las prácticas comerciales y los productos falsificados.

En septiembre de 2017, Amazon se aventuró con uno de sus vendedores JV Appario Retail, propiedad de Patni Group, que ha registrado unos ingresos totales de 104,44 millones de dólares (₹759 crore) en el ejercicio 2017-2018.

A partir del 11 de octubre de 2017, AmazonFresh vendió una gama de productos de la marca Booths para entrega a domicilio en zonas seleccionadas.

En noviembre de 2018, Amazon llegó a un acuerdo con Apple Inc. para vender productos seleccionados a través del servicio, a través de la compañía y de Distribuidores Autorizados Apple seleccionados. Como resultado de esta asociación, a partir del 4 de enero de 2019 solo los Distribuidores Autorizados de Apple podrán vender productos de Apple en Amazon.

Productos de marca blanca

81

Amazon vende muchos productos con sus propias marcas, como cargadores de teléfono, pilas y toallitas para pañales. La marca AmazonBasics se introdujo en 2009, y ahora cuenta con cientos de líneas de productos, incluidas fundas para teléfonos inteligentes, ratones de ordenador, baterías, mancuernas y jaulas para perros. Amazon poseía 34 marcas de marca propia en 2019. Estas marcas representan el 0,15% de las ventas globales de Amazon, mientras que la media de otros grandes minoristas es del 18%. Otras marcas minoristas de Amazon incluyen Presto!, Mama Bear y Amazon Essentials.

Terceros vendedores

Amazon obtiene muchas de sus ventas (alrededor del 40% en 2008) de terceros vendedores que venden productos en Amazon. Algunos otros grandes vendedores de comercio electrónico utilizan Amazon para vender sus productos además de hacerlo a través de sus sitios web. Las ventas se procesan a través de Amazon.com y acaban en los vendedores individuales para su procesamiento y cumplimiento de pedidos, y Amazon alquila espacio para estos minoristas. Los pequeños vendedores de productos usados y nuevos acuden a

Amazon Marketplace para ofrecer productos a un precio fijo.

Programa de afiliados

Los editores pueden registrarse como afiliados y recibir una comisión por remitir clientes a Amazon colocando enlaces a Amazon en sus sitios web si la remisión da lugar a una venta. En todo el mundo, Amazon cuenta con "más de 900.000 miembros" en sus programas de afiliación. A mediados de 2014, el Programa de Afiliación de Amazon es utilizado por el 1,2% de todos los sitios web y es la segunda red de publicidad más popular después de Google Ads. Los sitios web y las organizaciones sin ánimo de lucro lo utilizan con frecuencia para ofrecer a sus seguidores una forma de ganar una comisión.

Los Asociados pueden acceder al catálogo de Amazon directamente en sus sitios web utilizando el servicio XML de Amazon Web Services (AWS). Un nuevo producto de afiliación, aStore, permite a los Asociados incrustar un subconjunto de productos de Amazon dentro de otra página web, o enlazados a otra página web. En junio de 2010, se lanzó Amazon Seller Product Suggestions para ofrecer más transparencia a los vendedores recomendando productos específicos a terceros vendedores para vender en Amazon. Los productos sugeridos se basan en el historial de navegación de los clientes.

Reseñas de productos

Amazon permite a los usuarios enviar reseñas a la página web de cada producto. Los revisores deben valorar el producto en una escala de puntuación de una a cinco estrellas. Amazon proporciona una opción de insignia para los revisores que indica el nombre real del revisor (basado en la confirmación de una cuenta de tarjeta de crédito) o que indica que el revisor es uno de los principales revisores por popularidad. A partir del 16 de diciembre de 2020, Amazon eliminó la capacidad de vendedores y clientes de comentar las reseñas de productos y purgó sus sitios web de todos los comentarios de reseñas de productos publicados. En un correo electrónico enviado a los vendedores, Amazon justificó la eliminación de esta función: "... *la función de comentarios en las reseñas de los clientes apenas se utilizaba*". Las restantes opciones de respuesta a las reseñas son indicar si el lector considera que la reseña es útil o denunciar que infringe las políticas de Amazon (abuso). Si una reseña recibe suficientes respuestas "útiles", aparece en la portada del producto. En 2010, Amazon era la mayor fuente de opiniones de consumidores en Internet.

Cuando los editores preguntaron a Bezos por qué Amazon publicaba reseñas negativas, él defendió la práctica alegando que Amazon.com estaba "adoptando un enfoque diferente... queremos que todos los libros estén disponibles: los buenos, los malos y los feos... para dar rienda suelta a la verdad".

Se han dado casos de reseñas positivas escritas y publicadas por empresas de relaciones públicas en nombre de sus clientes y de escritores que utilizan seudónimos para dejar reseñas negativas de las obras de sus rivales.

Ranking de ventas en Amazon

El ranking de ventas de Amazon (ASR) indica la popularidad de un producto vendido en cualquier local de Amazon. Es un indicador relativo de popularidad que se actualiza cada hora. De hecho, se trata de una "lista de los
85

más vendidos" para los millones de productos almacenados por Amazon. Aunque el ASR no tiene un efecto directo sobre las ventas de un producto, Amazon lo utiliza para determinar qué productos incluir en sus listas de los más vendidos. Los productos que aparecen en estas listas disfrutan de una exposición adicional en el sitio web de Amazon, lo que puede dar lugar a un aumento de las ventas. En particular, los productos que experimentan grandes saltos (al alza o a la baja) en sus rangos de ventas pueden ser incluidos en las listas de Amazon de "productos más vendidos"; dicha inclusión proporciona una exposición adicional que podría conducir a un aumento de las ventas. Por razones de competencia, Amazon no hace públicas las cifras de ventas reales. Sin embargo, Amazon ha empezado a publicar datos sobre puntos de venta a través del servicio Nielsen BookScan para autores verificados. Aunque el ASR ha sido fuente de muchas especulaciones por parte de editores, fabricantes y vendedores, Amazon no publica los detalles de su algoritmo de cálculo del rango de ventas. Algunas empresas han analizado los datos de ventas de Amazon para generar estimaciones de ventas basadas en el ASR, aunque Amazon afirma:

Por favor, tenga en cuenta que nuestras cifras de rango de ventas son simplemente una guía de interés general para el cliente y no información definitiva de ventas para los editores-asumimos que usted tiene esta información regularmente de sus fuentes de distribución.

Tiendas físicas

En noviembre de 2015, Amazon abrió una tienda física de Amazon Books en University Village, en Seattle. La tienda tiene 1.500 metros cuadrados y los precios de todos los productos coinciden con los de su sitio web. Amazon abrió su décima librería física en 2017; los medios de comunicación especulan con que Amazon planea abrir entre 300 y 400 librerías en todo el país.

En junio de 2018, se informó de que Amazon planeaba abrir librerías de ladrillo y mortero en Alemania.

En agosto de 2019, Amazon solicitó tener una licorería en San Francisco, CA, como un medio para enviar cerveza y alcohol dentro de la ciudad.

En 2020, Amazon Fresh abrió varias tiendas físicas en Estados Unidos y Reino Unido.

Hardware y servicios

Amazon dispone de varios productos y servicios, como su asistente digital Alexa, Amazon Music y Prime Video para música y vídeos respectivamente, la Amazon Appstore para aplicaciones Android y su línea de hardware Kindle de lectores electrónicos y tabletas. Audible ofrece audiolibros para comprar y escuchar.

En septiembre de 2021, Amazon anunció el lanzamiento de Astro, su primer robot doméstico, impulsado por su tecnología de hogar inteligente Alexa. Puede controlarse a distancia cuando no se está en casa, para vigilar mascotas, personas o la seguridad del hogar. Enviará una notificación a los propietarios si detecta algo inusual.

En enero de 2023, Amazon anunció el lanzamiento de RXPass, un servicio de entrega de medicamentos con receta. Permite a los miembros estadounidenses de Amazon Prime pagar una cuota mensual de 5 dólares para acceder a 60 medicamentos. El servicio se puso en marcha inmediatamente después del anuncio, excepto en los estados con requisitos específicos de entrega de recetas. Los beneficiarios de programas sanitarios gubernamentales como Medicare y Medicaid no podrán inscribirse en RXPass.

Filiales

Amazon posee más de 40 filiales, entre ellas Amazon Web Services, Audible, Diapers.com, Goodreads, IMDb, Kiva Systems (ahora Amazon Robotics), Shopbop, Teachstreet, Twitch, Zappos y Zoox.

Servicios web de Amazon

Amazon Web Services (AWS) es una filial de Amazon que ofrece plataformas de computación en la nube y API bajo demanda a particulares, empresas y gobiernos, en régimen de pago por uso. Estos servicios web de computación en nube proporcionan capacidad de procesamiento informático distribuido y herramientas de software a través de las granjas de servidores de AWS. En el cuarto trimestre de 2021, AWS tenía una cuota de mercado del 33% en infraestructura en la nube, mientras que los dos competidores siguientes, Microsoft Azure y Google Cloud, tenían un 21% y un 10% respectivamente, según Synergy Group.

Amazon lanzó Amazon Web Services (AWS) en 2002, que proporciona acceso programático a funciones latentes en su sitio web.

En noviembre de 2005, Amazon comenzó a probar Amazon Mechanical Turk, una interfaz de programación de aplicaciones (API) que permite a los programas enviar tareas a procesadores humanos.

En marzo de 2006, Amazon lanzó un servicio de almacenamiento en línea llamado Amazon Simple Storage Service (Amazon S3). En S3 se puede almacenar un número ilimitado de objetos de datos, de 1 byte a 5 terabytes de tamaño, y distribuirlos a través de HTTP o BitTorrent. El servicio cobra cuotas mensuales por los datos almacenados y transferidos. En 2006, Amazon introdujo Amazon Simple Queue Service (Amazon SQS), un servicio de mensajería de cola distribuida, y wikis de productos (más tarde integrados en Amapedia) y foros de debate para determinados productos que utilizan directrices que siguen las convenciones estándar de los tablones de mensajes.

También en 2006, Amazon introdujo Amazon Elastic Compute Cloud (Amazon EC2), una granja de sitios virtuales, que permite a los usuarios utilizar la infraestructura de Amazon para ejecutar aplicaciones que van desde la ejecución de simulaciones hasta el alojamiento web. En 2008, Amazon mejoró el servicio añadiendo Elastic Block Store (EBS), ofreciendo almacenamiento persistente para las instancias de Amazon EC2 y direcciones IP elásticas, y ofreciendo direcciones IP estáticas diseñadas para la computación dinámica en la nube.Amazon introdujo SimpleDB, un sistema de base de datos, permitiendo a los usuarios de su otra infraestructura utilizar un sistema de base de datos de alta fiabilidad y alto rendimiento. En 2008, Amazon pasó EC2 de beta a "Generally Available" y añadió compatibilidad con la plataforma Microsoft Windows.

Amazon sigue perfeccionando y añadiendo servicios a AWS, como el servicio DNS escalable (Amazon Route 53), la gestión de pagos y las API específicas de AWS para su servicio Mechanical Turk.

En agosto de 2012, Amazon anunció Amazon Glacier, un servicio web de almacenamiento de archivos en línea de bajo coste que proporciona archivado, almacenamiento y copias de seguridad de datos fiables.

AWS Identity and Access Management (IAM) se lanzó en junio de 2012 y más tarde, en noviembre de 2012, en la conferencia de desarrolladores web de AWS en Las Vegas, anunció que se dirigía a las grandes empresas como clientes de almacenamiento en la nube. Reducirá aún más sus precios de S3 a los clientes con contratos a largo plazo en su servicio de almacenamiento "Redshift", que se lanzará en 2013.

En marzo de 2013 Amazon anunció su Mobile Ads API para desarrolladores. La nueva Ads API puede utilizarse en aplicaciones distribuidas en cualquier plataforma Android siempre que la aplicación también esté disponible en la Appstore de Amazon.

En diciembre de 2014, Amazon Web Services operaba 1,4 millones de servidores en 11 regiones y 28 zonas de disponibilidad.

En enero de 2015, AWS anunció su propio servicio de correo electrónico y programación denominado WorkMail.

Audible

Audible es un vendedor y productor de entretenimiento de audio hablado, información y programación educativa en Internet. Audible vende audiolibros digitales, programas de radio y televisión y versiones sonoras de revistas y periódicos. A través de su rama de producción, Audible Studios, Audible también se ha convertido en el mayor productor mundial de audiolibros descargables. El 31 de enero de 2008, Amazon anunció que compraría Audible por unos 300 millones de dólares. La operación se cerró en marzo de 2008 y Audible se convirtió en filial de Amazon.

Editorial Amazon

Amazon Publishing es la unidad editorial de Amazon lanzada en mayo de 2009. Está compuesta por

AmazonEncore, AmazonCrossing, Montlake Romance, Thomas & Mercer, 47North, Powered by Amazon, New Harvest, Grand Harbor Press, Two Lions, Skyscape y Waterfall Press.

Lanzado en 2005, Amazon Shorts ofrecía relatos cortos exclusivos y obras de no ficción de autores superventas para descargar desde la Tienda Kindle. En junio de 2007, el programa contaba con más de 1.700 obras y añadía unas 50 nuevas a la semana, pero se interrumpió el 1 de junio de 2010.

AmazonSmile

Amazon también creó "canales" en beneficio de determinadas causas. En 2004, Amazon permitió a sus clientes donar entre 6 y 200 dólares a las campañas de los candidatos a la presidencia de EE.UU. en 2004, proporcionando enlaces que recaudaron 300.000 dólares para los candidatos. Amazon ha reactivado periódicamente un canal de donaciones de la Cruz Roja tras crisis como el huracán Sandy, el huracán Katrina y el terremoto y tsunami de 2004 en el océano Índico. En enero de 2005, casi 200.000 personas habían donado más de 15,7 millones de dólares en Estados Unidos.

En 2013, Amazon lanzó una iniciativa benéfica llamada AmazonSmile. Se podía acceder a ella entrando en smile.amazon.com, smile.amazon.co.uk o smile.amazon.de cuando se compraba normalmente, y permite a Amazon donar el 0,5% del precio de venta de los artículos elegibles a la organización benéfica seleccionada por el cliente como patrocinador.

El 18 de enero de 2023, Amazon anunció que pondrá fin a AmazonSmile el 20 de febrero de 2023 para centrarse en programas de donaciones filantrópicas.

Amazon Local

Amazon Local fue un servicio de ofertas diarias lanzado en junio de 2011 en Boise, Idaho. En 2013, Amazon Local ofrecía ofertas diarias en más de 100 regiones de 36 estados de Estados Unidos. Amazon Local también actúa como agregador de ofertas; algunas de ellas se ofrecen a través de LivingSocial, una empresa en la que Amazon ha invertido mucho.

Se lanzó gradualmente en el Reino Unido el 29 de agosto de 2012, empezando en Londres y ampliándose a más ciudades.

El 18 de diciembre de 2015, Amazon Local dejó de vender ofertas diarias; sin embargo, las ofertas compradas siguieron siendo válidas según sus condiciones.

Comercios minoristas

El 2 de noviembre de 2015, Amazon abrió su primera tienda física, una librería en el centro comercial University Village de Seattle. La tienda, conocida como Amazon Books, tiene precios igualados a los que se encuentran en el sitio web de Amazon (para miembros Prime) e integra reseñas online en las estanterías de la tienda.

El 22 de enero de 2018 se abrió al público en Seattle Amazon Go, una tienda que utiliza cámaras y sensores para detectar los artículos que un comprador coge de las estanterías y cargarlos automáticamente en su cuenta de Amazon. Los clientes escanean su aplicación Amazon Go al entrar, y se les exige tener una aplicación Amazon Go instalada en su smartphone y una cuenta de Amazon vinculada para poder entrar. La tecnología pretende

97

eliminar las colas en las cajas. Amazon Go se abrió inicialmente para los empleados de Amazon en diciembre de 2016. A finales de 2018, habrá ocho tiendas Amazon Go en total ubicadas en Seattle, Chicago, San Francisco y Nueva York. Amazon tiene previsto abrir hasta 3.000 tiendas Amazon Go en Estados Unidos para 2021.

Amazon anunció para debutar el Amazon 4 estrellas en Nueva York, Soho barrio Spring Street entre Crosby y Lafayette el 27 de septiembre de 2018. La tienda lleva los productos valorados con 4 estrellas o más de todo Nueva York. El sitio web de amazon busca los productos más valorados, más demandados, más comprados y más deseados, que luego se venden en la nueva tienda de amazon bajo categorías separadas. Además de las etiquetas de precio en papel, los clientes podrán leer las fichas de las reseñas en línea antes de comprar el producto.

El 11 de noviembre de 2019, Amazon anunció planes para abrir un nuevo tipo de tienda de comestibles en Los Ángeles en 2020. En agosto de 2020, Amazon reveló el nombre, Amazon Fresh. El concepto de la cadena era el uso de Dash Carts, que tienen pantallas y un escáner para un código especial que está conectado a la cuenta de Amazon del usuario. Los clientes se registran escaneando sus códigos exclusivos que se encuentran en la aplicación de Amazon y, a medida que van poniendo artículos en sus carritos, se van añadiendo a una lista que se carga a la tarjeta de crédito del usuario al salir de la tienda. A diferencia de Amazon Go, las tiendas también tienen cajas tradicionales. La primera tienda se abrió en el barrio de Woodland Hills en septiembre de 2020. Una segunda tienda abrió en Irvine en octubre de 2020. Amazon Fresh cuenta actualmente con establecimientos en California, Illinois, Pensilvania, Virginia y Washington, D.C., en Estados Unidos, junto con Londres, en el Reino Unido.

Servicios domésticos de Amazon

En marzo de 2015 Amazon lanzó un nuevo servicio a la carta, Amazon Home Services, destinado a ofrecer a los propietarios de viviendas un mercado de servicios profesionales como fontanería, electricidad, instalación audiovisual y servicios de jardinería (servicios de mejora del hogar). La categoría Home Services está diseñada para facilitar la búsqueda de un especialista verificando que los proveedores tienen la licencia y el seguro adecuados para el trabajo. El servicio está "Satisfacción garantizada" y ofrece un reembolso si al final no quedas satisfecho. Además, las opiniones se verifican para que sepas que el revisor realmente pagó y utilizó los servicios.

Amazon Cash/Top Up

Amazon Cash (en Estados Unidos y Canadá) y Amazon Top Up (en el Reino Unido) son servicios que permiten a los compradores de Amazon añadir dinero a su cuenta de Amazon en una tienda física. El servicio, lanzado en abril de 2017, permite a los usuarios añadir entre 5 y 500 dólares (entre 5 y 250 euros) a sus cuentas pagando con dinero en efectivo en un minorista participante, que escanea un código de barras vinculado a la cuenta de Amazon del cliente. Los usuarios pueden presentarlo en papel, en la aplicación de Amazon o como mensaje de texto enviado por el sitio web de Amazon. Entre los comercios participantes se encuentran 7-Eleven, CVS Pharmacy y GameStop.

Goodreads

Goodreads es un sitio web de "catalogación social" fundado en diciembre de 2006 y lanzado en enero de

100

2007 por Otis Chandler, ingeniero de software y empresario, y Elizabeth Khuri. El sitio web permite a los usuarios buscar libremente en la amplia base de datos de libros, anotaciones y reseñas de Goodreads. Los usuarios pueden inscribirse y registrar libros para generar catálogos de biblioteca y listas de lectura. También pueden crear sus propios grupos de sugerencias y debates sobre libros. En diciembre de 2007, el sitio contaba con más de 650.000 miembros y se habían añadido más de un millón de libros. Amazon compró la empresa en marzo de 2013.

Anillo

Ring es una empresa de domótica fundada por Jamie Siminoff en 2013. Es conocida principalmente por sus timbres inteligentes alimentados por WiFi, pero fabrica otros dispositivos como cámaras de seguridad. Amazon compró Ring por 1.000 millones de dólares en 2018.

Twitch

Twitch es una plataforma de retransmisión de vídeo en directo, orientada principalmente a contenidos de videojuegos. Twitch fue adquirida por Amazon en agosto de 2014 por 970 millones de dólares. El rápido crecimiento del sitio se ha visto impulsado principalmente por la prominencia de las principales competiciones de esports en el servicio, lo que ha llevado al editor sénior de esports de GameSpot, Rod Breslau, a describir el servicio como "el ESPN de los esports". En 2015, el servicio contaba con más de 1,5 millones de retransmisores y 100 millones de espectadores mensuales.

Whole Foods Market

Whole Foods Market es una cadena de supermercados estadounidense que ofrece exclusivamente alimentos sin conservantes, colorantes, saborizantes, edulcorantes ni grasas hidrogenadas artificiales. Amazon adquirió Whole Foods por 13.700 millones de dólares en agosto de 2017.

Otros

Otras filiales de Amazon son:

- A9.com, empresa centrada en la investigación y creación de tecnología innovadora, es una filial desde 2003.
- Amazon Maritime, Inc. posee una licencia de la Comisión Marítima Federal para operar como

transportista común no propietario de buques (NVOCC), lo que permite a la empresa gestionar sus envíos desde China a Estados Unidos.

- Amazon Pharmacy es un servicio de entrega en línea dedicado a los medicamentos con receta, lanzado en noviembre de 2020. El servicio ofrece descuentos de hasta el 80% en medicamentos genéricos y de hasta el 40% en medicamentos de marca a los usuarios suscritos a Prime. Los productos pueden adquirirse en el sitio web de la empresa o en más de 50.000 farmacias físicas de Estados Unidos.

- Annapurna Labs, una empresa de microelectrónica con sede en Israel supuestamente por 350-370M$ adquirida por Amazon Web Services en enero de 2015 .

- Beijing Century Joyo Courier Services, que solicitó una licencia de transporte de mercancías a la Comisión Marítima de Estados Unidos. Amazon también está desarrollando su logística de transporte por carretera y aéreo para competir potencialmente con UPS y FedEx.

- Brilliance Audio es una editorial de audiolibros fundada en 1984 por Michael Snodgrass en Grand

Haven, Michigan. La empresa produjo sus primeros 8 títulos de audio en 1985. Amazon compró la empresa en 2007 por una cantidad no revelada. En el momento de la adquisición, Brilliance producía entre 12 y 15 títulos nuevos al mes. Funciona como una empresa independiente dentro de Amazon. En 1984, Brilliance Audio inventó una técnica para grabar el doble en el mismo casete. La técnica consistía en grabar en cada uno de los dos canales de cada pista estéreo. Se le atribuye el mérito de haber revolucionado el floreciente mercado de los audiolibros a mediados de los 80, ya que hizo asequibles los libros no resumidos.

- ComiXology, una plataforma digital de cómics basada en la nube con más de 200 millones de descargas de cómics en septiembre de 2013. Ofrece una selección de más de 40.000 cómics y novelas gráficas en dispositivos Android, iOS, Fire OS y Windows 8, así como a través de un navegador web. Amazon compró la empresa en abril de 2014.

- CreateSpace, que ofrece servicios de autoedición para creadores de contenidos independientes, editores, estudios de cine y sellos discográficos, se convirtió en filial en 2009.

- Eero, una empresa de electrónica especializada en dispositivos Wifi de red mallada fundada como startup en 2014 por Nick Weaver, Amos Schallich y Nate Hardison para simplificar e innovar el hogar inteligente. Eero fue adquirida por Amazon en 2019 por 97 millones de dólares. Eero ha seguido operando bajo su bandera y anuncia su compromiso con la privacidad a pesar de las primeras preocupaciones de la adquisición de la compañía.

- Health Navigator es una startup que desarrolla API para servicios de salud online adquirida en octubre de 2019. La startup formará parte de Amazon Care, que es el servicio de atención sanitaria para empleados de la compañía. Esto sigue a la compra en 2018 de PillPack por menos de 1.000 millones de dólares, que también se ha incluido en Amazon Care.

- Junglee, un antiguo servicio de compras en línea proporcionado por Amazon que permitía a los clientes buscar productos de minoristas en línea y fuera de línea en la India. Junglee empezó como una base de datos virtual que se utilizaba para extraer información de Internet y entregarla a aplicaciones empresariales. A medida que avanzaba, Junglee empezó a utilizar su tecnología de bases de datos para crear un mercado de ventanilla única en Internet poniendo a la venta todos los artículos de todos los proveedores. Los compradores de la web podían localizar, comparar y realizar transacciones con millones de productos de todo el centro comercial de Internet a través de una ventanilla única. Amazon adquirió Junglee en 1998, y el sitio web Junglee.com se lanzó en India en febrero de 2012 como sitio web de comparación de compras. Permite buscar una gran variedad de productos, como ropa, electrónica, juguetes, joyas y videojuegos, entre otros, entre miles de vendedores en línea y fuera de línea. Se puede navegar por millones de productos, el cliente selecciona un precio y, a continuación, se le dirige a un vendedor. En noviembre de 2017, Amazon cerró Junglee.com y el antiguo dominio redirige actualmente a Amazon India.

- Kuiper Systems es una filial de Amazon creada para desplegar una constelación de satélites de

Internet de banda ancha con 3.236 satélites en órbita terrestre baja para proporcionar conectividad a Internet por satélite.

- Lab126, desarrolladores de electrónica de consumo integrada como el Kindle, se convirtió en filial en 2004.
- Shelfari, un antiguo sitio web de catalogación social de libros. Los usuarios de Shelfari construían estanterías virtuales con los títulos que poseían o habían leído y podían puntuar, reseñar, etiquetar y comentar sus libros. Los usuarios también podían crear grupos a los que otros miembros podían unirse, crear debates y hablar sobre libros u otros temas. Se podían enviar recomendaciones a los amigos del sitio sobre qué libros leer. Amazon compró la empresa en agosto de 2008. Shelfari siguió funcionando como una red social de libros independiente dentro de Amazon hasta enero de 2016, cuando Amazon anunció que fusionaría Shelfari con Goodreads y cerraría Shelfari.
- Souq, la antigua mayor plataforma de comercio electrónico del mundo árabe. La empresa se lanzó en 2005 en Dubái (Emiratos Árabes Unidos) y

prestaba servicio en múltiples zonas de Oriente Medio. El 28 de marzo de 2017, Amazon adquirió Souq.com por 580 millones de dólares. La empresa pasó a llamarse Amazon y su infraestructura se utilizó para ampliar la plataforma en línea de Amazon en Oriente Medio.

Amazon también tiene inversiones en energías renovables y planea ampliar su posición en el mercado canadiense mediante la inversión en una nueva planta en Alberta.

Logística

Amazon utiliza muchos servicios de transporte diferentes para entregar los paquetes. Entre los servicios de la marca Amazon se incluyen:

- Amazon Air, una aerolínea de carga para el transporte a granel, con entrega de última milla gestionada por Amazon Flex, Amazon Logistics o el Servicio Postal de EE.UU.
- Amazon Flex, una aplicación para smartphones que permite a particulares actuar como contratistas independientes, entregando paquetes a clientes desde vehículos personales sin uniformes. Las entregas incluyen Prime Now en una o dos horas, Amazon Fresh en el mismo día o al día siguiente y pedidos estándar de Amazon.com, además de pedidos de tiendas locales que tienen contrato con Amazon.
- Amazon Logistics, en la que Amazon contrata a pequeñas empresas (a las que denomina "Delivery Service Partners") para realizar entregas a

clientes. Cada empresa cuenta con una flota de aproximadamente 20-40 furgonetas de la marca Amazon, y los empleados de los contratistas visten uniformes de Amazon. En diciembre de 2020, operaba en Estados Unidos, Canadá, Italia, Alemania, España y Reino Unido.

- Amazon Prime Air es un servicio experimental de entrega con drones.

Amazon contrata directamente a personas para trabajar en sus almacenes, centros de distribución a granel, ubicaciones "Amazon Hub Locker+" con personal y estaciones de entrega donde los conductores recogen paquetes. A partir de diciembre de 2020, no contratará a repartidores como empleados.

Rakuten Intelligence estimó que en 2020, en Estados Unidos, la proporción de entregas de última milla era del 56% por los servicios contratados directamente por Amazon (sobre todo en zonas urbanas), del 30% por el Servicio Postal de Estados Unidos (sobre todo en zonas rurales) y del 14% por UPS. En abril de 2021, Amazon informó a los inversores de que había aumentado su capacidad de entrega interna en un 50% en los últimos 12 meses (que incluían el primer año de la pandemia COVID-19 en Estados Unidos).

Cadena de suministro

Amazon lanzó por primera vez su red de distribución en 1997 con dos centros de distribución en Seattle y New Castle, Delaware. Amazon cuenta con varios tipos de instalaciones de distribución: centros de cross-dock, centros de distribución, centros de clasificación, estaciones de entrega, centros Prime Now y centros Prime Air. Hay 75 centros de cumplimiento y 25 centros de clasificación con más de 125.000 empleados. Los empleados son responsables de cinco tareas básicas: desembalar e inspeccionar las mercancías entrantes; almacenar las mercancías y registrar su ubicación; recoger

111

las mercancías de sus ubicaciones registradas por ordenador para componer un envío individual; clasificar y empaquetar los pedidos; y enviar. Un ordenador que registra la ubicación de las mercancías y traza rutas para los preparadores desempeña un papel clave: los empleados llevan ordenadores de mano que se comunican con el ordenador central y controlan su ritmo de progreso. Algunos almacenes están parcialmente automatizados con sistemas construidos por Amazon Robotics.

En septiembre de 2006, Amazon lanzó un programa llamado FBA (Fulfillment By Amazon) por el que podía encargarse del almacenamiento, embalaje y distribución de productos y servicios para pequeños vendedores.

- Andy Jassy, presidente y consejero delegado de Amazon.com, Inc.
- Keith B. Alexander, CEO de IronNet Cybersecurity, ex director de la NSA
- Edith W. Cooper, cofundadora de Medley y ex vicepresidenta ejecutiva de Goldman Sachs
- Jamie Gorelick, socio, Wilmer Cutler Pickering Hale and Dorr

- Daniel P. Huttenlocher, decano del Schwarzman College of Computing, Instituto Tecnológico de Massachusetts
- Judy McGrath, ex Directora General de MTV Networks
- Indra Nooyi, ex Directora General de PepsiCo
- Jon Rubinstein, ex presidente y consejero delegado de Palm, Inc.
- Patty Stonesifer, Presidenta y Directora General de Martha's Table
- Wendell P. Weeks, presidente y consejero delegado de Corning Inc.

Finanzas

Amazon.com es principalmente un sitio minorista con un modelo de ingresos por ventas; Amazon se lleva un pequeño porcentaje del precio de venta de cada artículo que se vende a través de su sitio web, al tiempo que permite a las empresas publicitar sus productos pagando por figurar como productos destacados. En 2018, Amazon.com ocupa el octavo lugar en la clasificación Fortune 500 de las mayores empresas de Estados Unidos por ingresos totales.

113

En el ejercicio fiscal 2021, Amazon registró unos beneficios de 33.360 millones de dólares, con unos ingresos anuales de 469.820 millones de dólares, lo que supone un aumento del 21,7% respecto al ciclo fiscal anterior. Desde 2007, las ventas han pasado de 14.835 millones a 469.822 millones, debido a la continua expansión del negocio.

La capitalización bursátil de Amazon volvió a superar el billón de dólares a principios de febrero de 2020 tras el anuncio de los resultados del cuarto trimestre de 2019.

Cultura de empresa

Durante su mandato, Jeff Bezos se hizo famoso por sus cartas anuales a los accionistas, que han adquirido una notoriedad similar a las de Warren Buffett. Estas cartas anuales ofrecían una "ventana inestimable" a la empresa, famosa por su "secretismo", y revelaban las perspectivas y el enfoque estratégico de Bezos. Un tema común de estas cartas es el deseo de Bezos de inculcar la orientación al cliente (en sus palabras, "obsesión por el cliente") en todos los niveles de Amazon, en particular haciendo que todos los altos ejecutivos atiendan las consultas de los clientes durante un breve periodo en los centros de atención telefónica de Amazon. También leyó muchos correos electrónicos enviados por los clientes a su dirección de correo electrónico pública. Uno de los memorandos internos más conocidos de Bezos fue su mandato de que "todos los equipos" "expusieran sus datos y funcionalidades" a través de interfaces de servicio "diseñadas desde cero para ser externalizables". Este proceso, comúnmente conocido como arquitectura orientada a servicios (SOA), dio lugar a la creación obligatoria de servicios que más tarde se comercializarían como parte de AWS.

Grupos de presión

Amazon ejerce presión sobre el gobierno federal de Estados Unidos y los gobiernos estatales en múltiples cuestiones, como la aplicación de impuestos sobre las ventas en línea, la seguridad del transporte, la privacidad y la protección de datos y la propiedad intelectual. Según los registros reguladores, Amazon.com centra sus actividades de presión en el Congreso de los Estados Unidos, la Comisión Federal de Comunicaciones y la Reserva Federal. Amazon.com gastó aproximadamente 3,5 millones de dólares, 5 millones de dólares y 9,5 millones de dólares en grupos de presión, en 2013, 2014 y 2015, respectivamente. En 2019, gastó 16,8 millones de dólares y contó con un equipo de 104 lobistas.

Amazon.com era miembro corporativo del American Legislative Exchange Council (ALEC) hasta que dejó de serlo tras las protestas en su junta de accionistas del 24 de mayo de 2012.

En 2014, Amazon amplió sus prácticas de lobby mientras se preparaba para presionar a la Administración Federal de Aviación para que aprobara su programa de entrega con drones, contratando en junio a la firma de lobby Akin Gump Strauss Hauer & Feld. Amazon y sus grupos de presión han visitado a funcionarios de la Administración Federal de Aviación y comités de aviación en Washington D.C. para explicar sus planes de entrega de paquetes. En septiembre de 2020 dio un paso más con la concesión de un certificado crítico por la FAA.

5

Críticas a Amazon

Amazon.com ha suscitado críticas de múltiples fuentes, con interrogantes sobre la ética de las prácticas y políticas empresariales de la empresa. Amazon se ha enfrentado a numerosas acusaciones de comportamiento anticompetitivo o monopolístico y a críticas sobre su trato a trabajadores y consumidores. Con frecuencia se han planteado dudas sobre la disponibilidad o indisponibilidad de productos y servicios en las plataformas de Amazon, ya que se considera un monopolio debido a su tamaño.

Patente en un clic

La empresa ha sido polémica por su supuesto uso de las patentes como obstáculo a la competencia. La "patente de 1 clic" es quizá el ejemplo más conocido. El uso por parte de Amazon de la patente de 1-clic contra el sitio web de su competidor Barnes & Noble llevó a la Free Software Foundation a anunciar un boicot contra Amazon en diciembre de 1999. El boicot se suspendió en septiembre de 2002. El 22 de febrero de 2000, se concedió a la empresa una patente que cubría un sistema de recomendación de clientes basado en Internet, o lo que comúnmente se denomina "programa de afiliados". Los líderes del sector Tim O'Reilly y Charlie Jackson se pronunciaron en contra de la patente, y O'Reilly publicó una carta abierta a Jeff Bezos, Consejero Delegado de Amazon, protestando por la patente de 1 clic y la patente del programa de afiliación, y pidiéndole que "evite cualquier intento de limitar el desarrollo del comercio por Internet". O'Reilly recogió 10.000 firmas con esta petición. Bezos respondió con su propia carta abierta. La protesta terminó con una visita de O'Reilly y Bezos a Washington, D.C., para presionar a favor de la reforma de las patentes. El 25 de febrero de 2003, se concedió a la empresa una patente titulada "Método y sistema para llevar a cabo un debate relacionado con un tema en foros de discusión de Internet". El 12 de mayo de 2006, la USPTO ordenó reexaminar la patente "1-Click", basándose en una solicitud presentada por el actor Peter Calveley, que citaba el estado de la técnica de una patente anterior de comercio electrónico y el sistema de dinero electrónico Digicash.

Sitio canadiense

Amazon tiene un sitio canadiense en inglés y francés, pero hasta una sentencia de marzo de 2010, no podía tener sede, servidores, centros de distribución ni centros de llamadas en Canadá por las restricciones legales de ese país a las librerías de propiedad extranjera. En su lugar, el sitio canadiense de Amazon se origina en Estados Unidos, y Amazon tiene un acuerdo con Canada Post para gestionar la distribución dentro de Canadá y para el uso de las instalaciones de envío de la corporación de la Corona en Mississauga, Ontario. El lanzamiento de Amazon.ca generó polémica en Canadá. En 2002, la Asociación Canadiense de Libreros e Indigo Books and Music solicitaron una sentencia judicial por considerar que la asociación de Amazon con Canada Post representaba un intento de eludir la legislación canadiense, pero el litigio se desestimó en 2004.

En enero de 2017, se pusieron a la venta en el sitio web de Amazon Canadá felpudos con la bandera india. El uso de la bandera india de esta manera se considera ofensivo para la comunidad india e infringe el Código de Banderas de la India. La ministra de Asuntos Exteriores de la India, Sushma Swaraj, amenazó con embargar los visados de los funcionarios de Amazon si esta no ofrecía una disculpa incondicional y retiraba todos esos productos.

En enero de 2017, la Oficina de la Competencia exigió a Amazon.ca el pago de una multa de 1 millón de dólares, más 100.000 dólares en costes, por prácticas de sobreprecio al no ofrecer "veracidad en la publicidad", según Josephine Palumbo, comisionada adjunta para prácticas de marketing engañosas. Esta multa se impuso porque algunos productos en Amazon.ca se mostraban con un "precio de lista" artificialmente alto, haciendo que el precio de venta más bajo pareciera muy atractivo, lo que producía una ventaja competitiva desleal frente a otros minoristas. Se trata de una práctica frecuente entre algunos minoristas y la multa pretendía "enviar un mensaje claro [al sector] de que no se tolerarán las afirmaciones infundadas sobre ahorros". La Oficina también indicó que la empresa ha introducido cambios para garantizar que los precios habituales se indican con mayor precisión.

BookSurge

121

En marzo de 2008, los representantes de ventas de la división BookSurge de Amazon empezaron a ponerse en contacto con los editores de títulos de impresión bajo demanda (POD) para informarles de que, para que Amazon siguiera vendiendo sus libros POD, debían firmar acuerdos con la propia empresa BookSurge POD de Amazon. Se dijo a los editores que, finalmente, los únicos títulos POD que Amazon vendería serían los impresos por su propia empresa, BookSurge. Algunos editores consideraron que este ultimátum equivalía a un abuso de monopolio y cuestionaron la ética de la medida y su legalidad con arreglo a la legislación antimonopolio.

Venta directa

En 2008, Amazon UK fue objeto de críticas por intentar impedir a los editores la venta directa con descuento desde sus propios sitios web. El argumento de Amazon era que debería poder pagar a los editores en función de los precios más bajos ofrecidos en sus sitios web, en lugar del precio de venta recomendado (PVR) completo.

También en 2008, Amazon UK suscitó críticas en la comunidad editorial británica tras su retirada de la venta de títulos clave publicados por Hachette Livre UK. La retirada pretendía posiblemente presionar a Hachette para que ofreciera niveles de descuento calificados por el sector de poco razonables. El director general de Curtis Brown, Jonathan Lloyd, opinó que "los editores, autores y agentes apoyan [a Hachette] al 100%. Alguien tiene que trazar una línea en la arena. Los editores han regalado un 1% anual a los minoristas, así que ¿dónde acaba esto? Utilizar a los autores como moneda de cambio es vergonzoso".

En agosto de 2013, Amazon acordó poner fin a su política de paridad de precios para los vendedores del mercado en la Unión Europea, en respuesta a las investigaciones de la Oficina de Comercio Justo del Reino Unido y la Oficina Federal de Cárteles de Alemania. Aún no está claro si esta decisión se aplica a la venta directa por parte de las editoriales.

Control de precios

Tras el anuncio del iPad de Apple el 27 de enero de 2010, la editorial Macmillan entró en un conflicto de precios con Amazon en relación con las publicaciones electrónicas.

Macmillan pidió a Amazon que aceptara un nuevo esquema de precios que había acordado con Apple, subiendo el precio de los libros electrónicos de 9,99 a 15 dólares. Amazon respondió retirando todos los libros de Macmillan, tanto electrónicos como físicos, de su sitio web (aunque los afiliados que vendían los libros seguían apareciendo en la lista). El 31 de enero de 2010, Amazon "capituló" ante la petición de precios de Macmillan.

En 2014, Amazon y Hachette se enzarzaron en una disputa sobre los precios de agencia. El precio de agencia es aquel en el que el agente (como Hachette) determina el precio de un libro; sin embargo, normalmente es Amazon quien dicta el nivel de descuento de un libro. Cientos de escritores, entre ellos Stephen King y John Grisham, firmaron una petición en la que decían: "Exhortamos encarecidamente a Amazon a que deje de perjudicar el sustento de los autores sobre los que ha construido su negocio. Ninguno de nosotros, ni lectores ni autores, se beneficia cuando los libros son tomados como rehenes". La escritora Ursula K. Le Guin comentó la práctica de Amazon de hacer que los libros de Hachette sean más difíciles de comprar en su sitio, declarando: "Estamos hablando de censura: hacer deliberadamente que un libro

124

sea difícil o imposible de conseguir, 'hacer desaparecer' a un autor". Aunque su declaración fue recibida con cierta indignación e incredulidad, las acciones de Amazon, como eliminar los descuentos, retrasar el plazo de entrega y rechazar los pedidos previos a la publicación, hicieron que los libros físicos de Hachette fueran más difíciles de conseguir. La caída en picado de las ventas de libros de Hachette en Amazon indica que sus políticas probablemente lograron disuadir a los clientes.

El 11 de agosto de 2014, Amazon eliminó la opción de reservar *Capitán América: El Soldado de Invierno*, en un intento de controlar los precios de las películas de Disney en Internet. Amazon ya había utilizado tácticas similares con Warner Bros. y Hachette Book Group. El conflicto se resolvió a finales de 2014 sin que ninguno de los dos tuviera que ceder nada. Luego, en febrero de 2017, Amazon volvió a bloquear los pedidos anticipados de películas de Disney, justo antes de que *Moana* y *Rogue One se estrenaran en* el mercado doméstico.

El bufete de abogados Hagens Berman presentó en enero de 2021 una demanda ante un tribunal de distrito de Nueva York, alegando que Amazon actuó en connivencia

125

con los principales editores para mantener artificialmente altos los precios de los libros electrónicos. El estado de Connecticut también anunció que estaba investigando a Amazon por posible comportamiento anticompetitivo en su venta de libros electrónicos.

Retirada de productos de la competencia

El 1 de octubre de 2015, Amazon anunció que los productos Apple TV y Google Chromecast quedaban prohibidos para la venta en Amazon por parte de todos los comerciantes, sin que se permitieran nuevos listados a partir de ese momento y eliminando todos los listados existentes a partir del 29 de octubre de 2015. Amazon argumentó que esto era para evitar la "confusión del cliente", ya que estos dispositivos no son compatibles con el ecosistema de Amazon Prime Video. Esta medida fue criticada, ya que los comentaristas creían que estaba destinada principalmente a suprimir la venta de productos considerados competencia de los productos Amazon Fire TV, dado que la propia Amazon se había negado deliberadamente a ofrecer software para sus propios servicios de streaming en estos dispositivos, y la acción contradecía la implicación de que Amazon era un minorista en línea general.

En mayo de 2017, se informó de que Apple y Amazon estaban cerca de llegar a un acuerdo para ofrecer Prime Video en el Apple TV, y permitir que el producto volviera al minorista. Prime Video se lanzó en el Apple TV el 6 de diciembre de 2017, y Amazon comenzó a vender de nuevo el producto Apple TV poco después.

Es sabido que Amazon retira productos por infracciones triviales de la política de terceros vendedores que compiten con las marcas propias de Amazon. Para competir por la colocación de productos en los que las marcas propias de Amazon ocupan un lugar destacado, los vendedores de terceros a menudo tienen que recurrir a gastos de publicidad e inscribirse en el costoso programa *Prime de* Amazon, por el que se les cobra un recargo por el cumplimiento de los pedidos y las devoluciones, lo que se traduce en un aumento de los costes y una reducción de los márgenes de beneficio.

Desde entonces, Amazon ha suprimido otros productos de Google, como Google Home (que compite con Amazon

127

Echo), los teléfonos Pixel y productos recientes de Nest Labs, filial de Google (a pesar de que el termostato Nest Learning es compatible con la integración de Alexa, la plataforma de asistente de voz de Amazon). En represalia, Google anunció el 6 de diciembre de 2017 que bloquearía YouTube de los productos Amazon Echo Show y Amazon Fire TV. En diciembre de 2017, Amazon declaró que tenía la intención de volver a ofrecer Chromecast (lo que haría un año después). Mientras tanto, Nest declaró que ya no ofrecería ninguna de sus futuras acciones a Amazon hasta que se comprometiera a ofrecer toda su línea de productos.

En abril de 2019, Amazon anunció que añadiría compatibilidad con Chromecast a la aplicación móvil Prime Video y lanzaría su aplicación Android TV de forma más generalizada, mientras que Google anunció que, a cambio, restauraría el acceso a YouTube en Fire TV (pero no en Echo Show). Tanto Prime Video para Chromecast como YouTube para Fire TV se lanzaron el 9 de julio de 2019.

En diciembre de 2019, tras la adquisición de Honey -una extensión para navegadores que aplica automáticamente cupones online en tiendas online- por parte de PayPal, la web de Amazon comenzó a mostrar advertencias que aconsejaban a los usuarios desinstalar el software, alegando que suponía un riesgo para la seguridad.

Asociación con Apple

En noviembre de 2018, Amazon llegó a un acuerdo con Apple Inc. para vender productos seleccionados a través del servicio, a través de la empresa, distribuidores autorizados de Apple seleccionados y vendedores que cumplan criterios específicos. Como resultado de esta asociación, solo los distribuidores autorizados de Apple y los vendedores que compran 2,5 millones de dólares en stock reacondicionado de Apple cada 90 días (a través del programa Amazon Renewed) pueden vender productos de Apple en el servicio. La asociación se ha enfrentado a las críticas de los revendedores independientes, que creen que este acuerdo ha restringido su capacidad para vender productos reacondicionados de Apple en Amazon a bajo coste. En agosto de 2019, *The Verge* informó de que Amazon estaba siendo investigada por la FTC por este acuerdo.

Participante en el mercado y propietario

Amazon ha suscitado inquietudes por ser a la vez propietario de un mercado dominante y vendedor minorista en ese mercado. Amazon utiliza los datos que obtiene de todo el mercado (datos que no están disponibles para otros minoristas del mercado) para determinar qué productos sería ventajoso producir internamente y a qué precio. La empresa comercializa productos bajo las marcas AmazonBasics, Lark & Ro y otras marcas propias. La candidata a la presidencia de EE.UU., Elizabeth Warren, ha propuesto obligar a Amazon a vender AmazonBasics y Whole Foods Market, donde Amazon compite con otros participantes del mercado como minorista tradicional.

Tim O'Reilly, comparando el negocio de Ingram con el de Amazon, señaló que el hecho de que Amazon se centre exclusivamente en el cliente debilita al resto del ecosistema minorista, incluidos vendedores, fabricantes e incluso sus propios empleados, mientras que Ingram trata de innovar y construir en nombre de todas las partes interesadas del mercado en el que opera. O'Reilly añade que el comportamiento de Amazon, que debilita el ecosistema, se debe a su insaciable necesidad de crecer a toda costa.

Los vendedores de terceros llevan tiempo acusando a Amazon de comportamientos rentistas, como el aumento constante del coste de hacer negocios en su plataforma, el abuso de su posición dominante en el mercado para manipular los precios, la copia de productos populares de terceros minoristas y la promoción injustificada de sus propias marcas.

En octubre de 2021, basándose en varios documentos internos filtrados, Reuters informó de que Amazon recopilaba y estudiaba sistemáticamente datos sobre el rendimiento en el mercado de los productos de sus vendedores y los utilizaba para identificar mercados lucrativos y, en última instancia, lanzar los productos de sustitución de Amazon en la India. Los datos incluían información sobre devoluciones, el tallaje de las prendas hasta la circunferencia del cuello y la longitud de las mangas, y el volumen de visitas a los productos en su sitio web. Los vendedores de Amazon no disponen de los datos de rendimiento de mercado de sus rivales. La estrategia también consistió en modificar los resultados de búsqueda para favorecer los productos de marca propia de Amazon. El impacto de la estrategia de Solimo fue mucho más allá de la India: cientos de artículos para el hogar de la marca Solimo, desde multivitaminas a monodosis de café, están disponibles en Estados Unidos. Una de las víctimas de la estrategia de Solimo es la marca de ropa John Miller, propiedad del "rey del comercio minorista" indio Kishore Biyani.

En octubre de 2022, se presentó en el Reino Unido una demanda colectiva por valor de 900 millones de libras contra Amazon por la función "Buy Box" de su sitio web, que "favorece los productos vendidos por la propia Amazon o por minoristas que pagan a Amazon por encargarse de su logística".

Denuncias antimonopolio

La Comisión Europea inició una investigación en junio de 2015 sobre las cláusulas de los acuerdos de distribución de libros electrónicos de Amazon que podían infringir las normas antimonopolio de la UE al dificultar la competencia de otras plataformas de libros electrónicos. Esta investigación concluyó en mayo de 2017, cuando la

Comisión adoptó una decisión que hacía vinculantes los compromisos de Amazon de no utilizar ni aplicar estas cláusulas.

En julio de 2019 y en noviembre de 2020, la Comisión Europea abrió dos investigaciones en profundidad sobre el uso que Amazon hace de los datos de los vendedores de marketplace, así como sobre el posible trato preferencial de las propias ofertas minoristas de Amazon y las de los vendedores de marketplace que utilizan los servicios logísticos y de entrega de Amazon. Acusó a Amazon de basarse sistemáticamente en datos no públicos que recopila de terceros vendedores para competir deslealmente contra ellos, en beneficio de su propio negocio minorista, violando así la ley de competencia en el Espacio Económico Europeo. El 11 de junio de 2020, la Unión Europea anunció que presentará cargos contra Amazon por el trato que da a terceros vendedores de comercio electrónico. El estado de California abrió una investigación por las mismas fechas.

En diciembre de 2019, la Comisión de Competencia de la India suspendió una aprobación para la adquisición estratégica de Future Retail e impuso una sanción de 200 millones de rupias. El regulador descubrió a través de correos electrónicos internos de Amazon que pretendía adquirir la empresa para poder aprovechar las flexibilidades de inversión extranjera y no debido a su interés en la empresa. Amazon recurrió esta orden ante el Tribunal de Sociedades. Más tarde, en marzo de 2022, la CCI defendió su orden ante el tribunal alegando declaraciones falsas por parte de Amazon.

En julio de 2020, Amazon, junto con otros gigantes tecnológicos como Apple, Google y Meta, fue acusada de mantener un poder perjudicial y estrategias anticompetitivas para aplastar a posibles competidores en el mercado. Los consejeros delegados de las respectivas empresas comparecieron en teleconferencia el 29 de julio de 2020 ante los legisladores del Subcomité Antimonopolio de la Cámara de Representantes de Estados Unidos. En octubre de 2020, el subcomité antimonopolio de la Cámara de Representantes de EE.UU. publicó un informe en el que acusaba a Amazon de abusar de una posición de monopolio en el comercio electrónico para competir deslealmente con los vendedores de su plataforma. En una carta de marzo de 2022 a los líderes bipartidistas del Comité Judicial del

Senado, el Departamento de Justicia de Biden respaldó la legislación que prohíbe a las grandes plataformas digitales como Amazon perjudicar a los productos y servicios de sus competidores frente a los suyos propios. "El Departamento [de Justicia] considera que el auge de las plataformas dominantes representa una amenaza para los mercados abiertos y la competencia, con riesgos para los consumidores, las empresas, la innovación, la capacidad de recuperación, la competitividad global y nuestra democracia", dice la carta.

El fiscal general de California presentó una demanda contra Amazon en septiembre de 2022, tras la investigación iniciada en 2020, alegando que sus contratos con terceros vendedores y mayoristas inflan los precios y ahogan la competencia. En concreto, que los comerciantes se ven coaccionados a firmar contratos que les impiden ofrecer sus productos en otros sitios web a precios más bajos.

Trato a los trabajadores

Amazon se ha enfrentado a diversas críticas sobre la calidad de sus entornos de trabajo y el trato a su plantilla.

135

Un grupo conocido como The FACE (Former And Current Employees) de Amazon ha utilizado regularmente las redes sociales para difundir críticas a la empresa y denuncias sobre condiciones de trabajo negativas.

Mala gestión de los empleados

Amazon ha sido acusada de despedir por error a personas de baja médica por no presentarse, de no corregir la inexactitud de sus sistemas de nóminas, lo que ha provocado que una parte de sus empleados, tanto de cuello blanco como de cuello azul, hayan cobrado menos durante meses, y de violar las leyes laborales al denegar deliberadamente permisos no remunerados.

Oposición a los sindicatos

Amazon se ha opuesto a los esfuerzos de los sindicatos por organizarse, tanto en Estados Unidos como en el Reino Unido. En 2001, 850 empleados de Seattle fueron despedidos por Amazon tras una campaña de sindicalización. La Alianza de Trabajadores Tecnológicos de Washington (WashTech) acusó a la empresa de violar la legislación sindical y afirmó que los directivos de

Amazon les sometieron a intimidaciones y a una fuerte propaganda. Amazon negó cualquier relación entre la campaña de sindicalización y los despidos. También en 2001, Amazon.co.uk contrató a una organización estadounidense de consultoría de gestión, The Burke Group, para que le ayudara a derrotar una campaña del sindicato Graphical, Paper and Media Union (GPMU, que ahora forma parte de Unite the Union) para conseguir el reconocimiento en el almacén de distribución de Milton Keynes. Se alegó que la empresa victimizó o despidió a cuatro miembros del sindicato durante la campaña de reconocimiento de 2001 y celebró una serie de reuniones cautivas con los empleados.

Un vídeo de formación de Amazon que se filtró en 2018 afirmaba "No somos antisindicales, pero tampoco somos neutrales. No creemos que los sindicatos sean lo mejor para nuestros clientes o accionistas o, lo que es más importante, para nuestros asociados." El vídeo también animaba a denunciar "señales de alerta" de una posible organización de trabajadores, entre las que se incluían trabajadores que utilizasen palabras como "salario digno", empleados que "de repente pasasen el rato juntos", así como trabajadores que mostrasen "un interés inusual en políticas, beneficios, listas de empleados u otra información de la empresa". A principios de 2020, se filtraron documentos internos de Amazon que afirmaban que Whole Foods estaba utilizando un mapa de calor para rastrear cuáles de sus 510 tiendas tenían los niveles más altos de sentimiento pro-sindical. Factores como la diversidad racial, la proximidad a otros sindicatos, los niveles de pobreza en la comunidad circundante y las llamadas a la Junta Nacional de Relaciones Laborales fueron nombrados como contribuyentes al "riesgo de sindicalización". Los datos recogidos en el mapa de calor sugieren que las tiendas con escasa diversidad racial y étnica, especialmente las situadas en comunidades pobres, tienen más probabilidades de sindicarse. Amazon también publicó una oferta de empleo para un Analista de Inteligencia, cuya función sería identificar y hacer frente a las amenazas para Amazon, entre las que se incluían los sindicatos y el trabajo organizado.

El 4 de diciembre de 2020, la Junta Nacional de Relaciones Laborales (NLRB) determinó que Amazon había despedido ilegalmente a dos empleados como represalia por sus esfuerzos para organizar a los trabajadores. En abril de 2021, después de que la mayoría

de los trabajadores de Bessemer, Alabama, votaran en contra de afiliarse al Sindicato de Minoristas, Mayoristas y Grandes Almacenes, el sindicato solicitó una audiencia con la NLRB para determinar si la empresa había creado "un ambiente de confusión, coacción y/o miedo a represalias" antes de la votación sindical. Según Jennifer Bates, trabajadora de Amazon, la votación se celebró con pancartas "antisindicales" y "reuniones educativas sindicales" obligatorias. Durante la votación, el Presidente Joe Biden pronunció un discurso de reconocimiento a los trabajadores organizados en Alabama y pidió que "no se hiciera propaganda antisindical". A esto siguió un aumento de la actividad del personal de relaciones públicas en Twitter, al parecer bajo la dirección personal de Jeff Bezos. El tono de algunos de los mensajes hizo sospechar inicialmente a un ingeniero de Amazon que las cuentas habían sido pirateadas. Algunas de las críticas a los sindicatos procedían de cuentas genéricas de reciente creación y no de personalidades conocidas de Amazon. Una cuenta, que fue baneada rápidamente, había intentado utilizar la imagen de la estrella de YouTube Tyler Toney, de Dude Perfect. En abril de 2021, *The Intercept* informó sobre el proyecto de una aplicación de mensajería interna de Amazon que prohibiría palabras como
139

"sindicato", "salario digno", "libertad", "aumento de sueldo" o "baños".

En abril de 2022, los trabajadores de Amazon en Staten Island votaron para formar Amazon Labor Union, el primer sindicato legalmente reconocido de la empresa. En agosto de 2022, los trabajadores de un almacén de Albany, Nueva York, presentaron una petición para celebrar elecciones en un intento de convertirse en lo que sería el cuarto almacén sindicalizado en ese momento.

Salarios Amazon

A lo largo del verano de 2018, el senador por Vermont Bernie Sanders criticó los salarios y las condiciones laborales de Amazon en una serie de vídeos de YouTube y apariciones en los medios de comunicación. También señaló el hecho de que Amazon no había pagado ningún impuesto federal sobre la renta el año anterior. Sanders solicitó historias de trabajadores de los almacenes de Amazon que se sentían explotados por la empresa. Una de esas historias, de James Bloodworth, describía el entorno como similar a "una prisión de baja seguridad" y afirmaba que la cultura de la empresa utilizaba un lenguaje orwelliano. Estos informes citaban un hallazgo de New Food Economy según el cual un tercio de los trabajadores de los centros de distribución de Arizona estaban acogidos al Programa Suplementario de Asistencia Nutricional (SNAP). Las respuestas de Amazon incluyeron incentivos para que los empleados tuitearan historias positivas y una declaración en la que calificaba las cifras salariales utilizadas por Sanders de "inexactas y engañosas". El comunicado también acusaba de inapropiado que se refiriera al SNAP como "cupones de alimentos". El 5 de septiembre de 2018, Sanders junto con Ro Khanna presentaron la ley Stop Bad Employers by Zeroing Out Subsidies (Stop BEZOS) dirigida a Amazon y otros supuestos beneficiarios del bienestar corporativo como Walmart, McDonald's y Uber. Entre los partidarios del proyecto de ley se encontraban Tucker Carlson, de Fox News, y Matt Taibbi, quien se criticó a sí mismo y a otros periodistas por no haber cubierto antes la contribución de Amazon a la desigualdad de la riqueza.

El 2 de octubre de 2018, Amazon anunció que su salario mínimo para todos los empleados estadounidenses aumentaría a 15 dólares por hora. Sanders felicitó a la empresa por tomar esta decisión.

141

En 2023, los trabajadores del centro de distribución de Amazon en el Reino Unido también sufrieron huelgas. Más de 350 trabajadores del almacén de la empresa en Coventry, abandonaron el trabajo para ir a la huelga contra Amazon. El principal objetivo de la huelga es reclamar un aumento salarial de 10,50 a 15 libras la hora. Amazon ha contraatacado ofreciendo un aumento salarial de 50 peniques por hora, que fue rechazado por GMB. La huelga podría extenderse también al centro de distribución de Amazon en Essex.

Condiciones de trabajo

Antiguos empleados, empleados actuales, medios de comunicación y políticos han criticado a Amazon por las malas condiciones de trabajo en la empresa. En 2011, se hizo público que los trabajadores tenían que realizar tareas a 38 °C (100 °F) de calor en el almacén de Breinigsville, Pensilvania. Como consecuencia de estas condiciones, los empleados se sentían extremadamente incómodos y sufrían deshidratación y colapsos. Las puertas de los muelles de carga no se abrían para permitir la entrada de aire fresco por temor a robos. La respuesta inicial de Amazon fue pagar a una ambulancia para que estuviera fuera de guardia y se llevara a los empleados recalentados. Finalmente, la empresa instaló aire acondicionado en el almacén.

Algunos trabajadores, los "recolectores", que recorren el edificio con un carrito y un escáner de mano "recogiendo" los pedidos de los clientes, pueden caminar hasta 24 km durante su jornada laboral y, si se retrasan en sus objetivos, pueden ser amonestados. Los escáneres de mano informan al empleado en tiempo real de la rapidez o lentitud con que trabaja; los escáneres también sirven para que los jefes de equipo y los directores de área puedan hacer un seguimiento de la ubicación concreta de los empleados y de cuánto "tiempo muerto" ganan cuando no están trabajando.

En un reportaje de la televisión alemana emitido en febrero de 2013, los periodistas Diana Löbl y Peter Onneken realizaron una investigación encubierta en el centro de distribución de Amazon en la localidad de Bad Hersfeld, en el estado alemán de Hesse. El informe destaca el comportamiento de algunos de los guardias de seguridad, a su vez contratados por una empresa externa, que al parecer tenían antecedentes neonazis o vestían deliberadamente ropa neonazi y que intimidaban a las trabajadoras extranjeras y temporales de sus centros de distribución. Poco después del informe, Amazon retiró de su lista de contactos comerciales a la empresa de seguridad implicada.

En marzo de 2015, se informó en *The Verge* de que Amazon eliminaría las cláusulas de no competencia de 18 meses de duración de sus contratos de trabajo en Estados Unidos para trabajadores remunerados por horas, tras las críticas de que estaba actuando de forma poco razonable al impedir que esos empleados encontraran otro trabajo. Incluso los trabajadores temporales de corta duración tienen que firmar contratos que les prohíben trabajar en cualquier empresa donde apoyen "directa o indirectamente" cualquier bien o servicio que compita con los que ayudaron a apoyar en Amazon, durante 18 meses después de dejar Amazon, incluso si son despedidos o despedidos.

En 2015, *The New York Times* publicó en portada un artículo en el que varios exempleados de Amazon describían una cultura de trabajo "violenta" en la que los trabajadores con enfermedades u otras crisis personales

144

eran expulsados o evaluados injustamente. Bezos respondió escribiendo un memorando dominical a los empleados, en el que rebatió el relato del Times de "prácticas de gestión escandalosamente crueles" que, según dijo, nunca se tolerarían en la empresa.

Para levantar la moral de los empleados, el 2 de noviembre de 2015, Amazon anunció que ampliaría seis semanas el permiso retribuido para madres y padres primerizos. Este cambio incluye a los padres biológicos y adoptivos y puede aplicarse junto con el permiso de maternidad y la baja médica existentes para las nuevas madres.

A mediados de 2018, investigaciones de periodistas y medios como *The Guardian* denunciaron malas condiciones laborales en los centros de cumplimiento de Amazon. Más tarde en 2018, otro artículo expuso las malas condiciones de trabajo de los conductores de reparto de Amazon. En respuesta a las críticas de que Amazon no paga a sus trabajadores un salario digno, Jeff Bezos anunció a partir del 1 de noviembre de 2018 que todos los empleados de Amazon en Estados Unidos y Reino Unido ganarán un salario mínimo de 15 dólares la hora. Amazon también presionará para que 15 dólares la hora sea el salario mínimo federal. Al mismo tiempo, Amazon también eliminó los premios en acciones y las bonificaciones para los empleados por hora.

Un artículo del 11 de septiembre de 2018 expuso las malas condiciones de trabajo de los conductores de reparto de Amazon, describiendo una variedad de presuntos abusos, incluidos salarios faltantes, falta de pago de horas extras, favoritismo, intimidación y restricciones de tiempo que los obligaban a conducir a velocidades peligrosas y omitir comidas y descansos para ir al baño. Amazon utiliza cámaras de inteligencia artificial Netradyne en algunas furgonetas asociadas para controlar los incidentes de seguridad y el comportamiento de los conductores, lo que ha suscitado las críticas de algunos conductores.

El Black Friday de 2018, los trabajadores de los almacenes de Amazon en varios países europeos, como Italia, Alemania, España y Reino Unido, se declararon en huelga para protestar por las condiciones de trabajo inhumanas y los bajos salarios.

The Daily Beast informó en marzo de 2019 que los servicios de emergencia respondieron a 189 llamadas de 46 almacenes de Amazon en 17 estados entre los años 2013 y 2018, todas relacionadas con empleados suicidas. Los trabajadores atribuyeron sus crisis mentales al aislamiento social impuesto por el empleador, la vigilancia agresiva y las condiciones de trabajo apresuradas y peligrosas en estos centros de cumplimiento. Un ex empleado dijo *a The Daily Beast* "Es esta colonia de aislamiento del infierno donde la gente tiene colapsos es una ocurrencia regular."

El 15 de julio de 2019, durante el inicio del evento de ventas Prime Day de Amazon, los empleados de Amazon que trabajan en Estados Unidos y Alemania se declararon en huelga en protesta por los salarios injustos y las malas condiciones de trabajo.

En agosto de 2019, la BBC informó sobre los embajadores de Amazon en Twitter. Su constante apoyo y defensa de Amazon y sus prácticas han llevado a muchos usuarios de Twitter a sospechar que en realidad son bots, utilizados para desestimar los problemas que afectan a los trabajadores de Amazon. En marzo de 2021, una oleada de nuevas cuentas de embajadores que decían ser empleados defendieron a la empresa contra una campaña de sindicalización, en algunos casos con la falsa afirmación de que no había forma de optar por no pagar las cuotas sindicales. Amazon confirmó que al menos una era falsa y Twitter cerró varias por violar sus condiciones de uso.

En noviembre de 2019, NBC informó que algunas ubicaciones contratadas de Amazon, en contra de la política de la empresa, permitían a las personas realizar entregas utilizando las insignias y contraseñas de otras personas para eludir las verificaciones de antecedentes de los empleados y evitar sanciones económicas o despidos debido a un rendimiento inferior al estándar. Las cuotas de rendimiento de Amazon fueron criticadas por ser poco realistas y por presionar a los conductores para que aceleraran, se saltaran las señales de alto, llevaran vehículos sobrecargados y orinaran en botellas debido a la falta de tiempo para hacer paradas para ir al baño; la compañía generalmente pudo evitar la responsabilidad legal por los accidentes vehiculares resultantes mediante el uso de contratistas independientes.

148

En marzo de 2020, durante el brote de coronavirus en el que el Gobierno ordenó a las empresas restringir el contacto social, la plantilla de Amazon en Reino Unido se vio obligada a hacer horas extra para atender la demanda disparada por la enfermedad. Un portavoz de GMB afirmó que la empresa había antepuesto "los beneficios a la seguridad". GMB ha seguido expresando su preocupación por "las condiciones extenuantes, los objetivos de productividad poco realistas, la vigilancia, los falsos autónomos y la negativa a reconocer o comprometerse con los sindicatos a menos que se les obligue", y ha pedido al gobierno británico y a los reguladores de la seguridad que tomen medidas para resolver estos problemas.

En su declaración de 2020 a sus accionistas estadounidenses, Amazon afirmó que "respetamos y apoyamos los convenios fundamentales de la Organización Internacional del Trabajo (OIT), la Declaración de la OIT relativa a los principios y derechos fundamentales en el trabajo y la Declaración Universal de Derechos Humanos de las Naciones Unidas". La aplicación de estos Principios Globales de Derechos Humanos ha sido "largamente defendida en Amazon, y su

149

codificación demuestra nuestro apoyo a los derechos humanos fundamentales y a la dignidad de los trabajadores en todos los lugares en los que operamos".

En junio de 2020, conductores de reparto subcontratados con sede en Canadá iniciaron una demanda colectiva contra Amazon Canadá, alegando que se les debían 200 millones de dólares en salarios impagados porque Amazon conservaba el "control efectivo" sobre su trabajo y, por tanto, debía ser considerado legalmente su empleador.

El 27 de noviembre de 2020, Amnistía Internacional afirmó que los trabajadores que trabajan para Amazon se enfrentan a grandes riesgos para la salud y la seguridad desde el inicio de la pandemia de COVID-19. En el Viernes Negro, uno de los periodos de mayor actividad de Amazon, la empresa no garantizó elementos clave de seguridad en Francia, Polonia, Reino Unido y Estados Unidos. Los trabajadores han estado arriesgando su salud y sus vidas para garantizar que los productos esenciales lleguen a las puertas de los consumidores, ayudando a Amazon a conseguir beneficios récord.

150

El 6 de enero de 2021, Amazon dijo que tiene previsto construir 20.000 viviendas asequibles gastando 2.000 millones de dólares en las regiones donde se encuentran los principales puestos de trabajo.

El 24 de enero de 2021, Amazon dijo que planeaba abrir una clínica emergente en colaboración con Virginia Mason Franciscan Health en Seattle para vacunar a 2.000 personas contra la COVID-19 el primer día.

En febrero de 2021, Amazon dijo que planeaba poner cámaras en sus vehículos de reparto. Aunque muchos conductores se molestaron por esta decisión, Amazon dijo que los vídeos solo se enviarían en determinadas circunstancias.

Los conductores han denunciado que a veces tienen que orinar y defecar en sus furgonetas como consecuencia de la presión para cumplir las cuotas. La cuenta oficial de Amazon News lo ha desmentido en un tuit: "No te creerás de verdad lo de mear en las botellas, ¿verdad? Si eso fuera cierto, nadie trabajaría para nosotros". Posteriormente, empleados de Amazon filtraron a *The Intercept* un correo electrónico que demostraba que la empresa era consciente de que sus conductores lo hacían. El correo decía: "Esta tarde, un asociado descubrió heces humanas en una bolsa de Amazon que fue devuelta a la estación por un conductor. Esta es la tercera ocasión en los últimos 2 meses en que las bolsas han sido devueltas a la estación con caca dentro". Amazon reconoció públicamente el problema tras negarlo en un primer momento.

Un análisis de datos de la OSHA realizado en junio de 2021 por *The Washington Post* descubrió que los trabajos en los almacenes de Amazon "pueden ser más peligrosos que en almacenes comparables."

En julio de 2021, los trabajadores del almacén de Nueva York presentaron una denuncia ante la Administración de Seguridad y Salud en el Trabajo en la que describían duras jornadas laborales de 12 horas con temperaturas internas sofocantes que provocaban que los trabajadores desmayados fueran sacados en camilla. La denuncia dice así: "La temperatura interna es demasiado alta. No tenemos ventilación, hay ventiladores polvorientos y sucios que esparcen residuos por nuestros pulmones y ojos, trabajamos a un ritmo incesante y [nos] desmayamos

152

por agotamiento por calor, nos sangra la nariz por la tensión alta y sentimos mareos y náuseas". Añaden que muchos de los ventiladores proporcionados por la empresa no funcionan, las fuentes suelen carecer de agua y los sistemas de refrigeración son insuficientes. Las personas que han presentado la denuncia están afiliadas al grupo Amazon Labor Union, que intenta sindicar las instalaciones, algo contra lo que la empresa ha hecho una campaña activa. Se han denunciado condiciones similares en otros lugares, como en Kent, Washington, durante la ola de calor de 2021.

Un informe de 2021 del National Employment Law Project encontró que las condiciones de trabajo en los centros de cumplimiento de Amazon en Minnesota son peligrosas e insostenibles, con más del doble de la tasa de lesiones en comparación con los almacenes que no son de Amazon para los años 2018 a 2020.

En diciembre de 2021, después de que un tornado destruyera un almacén de Amazon en Illinois, la empresa y sus políticas fueron criticadas en varios frentes: hacer trabajar a la gente durante un tornado inminente, la prohibición de los teléfonos móviles que impedía el acceso a las alertas de emergencia y la aparente insensibilidad del fundador de la empresa, Jeff Bezos, ante la fatal catástrofe, ya que celebró el último logro de su empresa espacial y solo reconoció tardíamente la pérdida de vidas humanas.

En diciembre de 2022, la OSHA multó a Amazon con 29.008 dólares por infracciones en el mantenimiento de registros de lesiones. En enero de 2023, la agencia multó a Amazon con 60.269 dólares por condiciones inseguras en tres almacenes, incluida la caída de cajas y requisitos de elevación poco ergonómicos y agotadores que han provocado graves lesiones lumbares. Estas multas son muy bajas en comparación con los beneficios de la empresa, pero el máximo permitido por violación de la cláusula de deber general de la Ley de Seguridad y Salud en el Trabajo.

Huelga de trabajadores de 2018

Los sindicatos españoles convocaron a 1.000 trabajadores de Amazon a una huelga que comenzó el 10 de julio y duró hasta el Amazon Prime Day, con llamamientos para que la huelga se vea en todo el mundo, y para que los clientes sigan su ejemplo. Un representante del sindicato Comisiones Obreras (CCOO) dijo que las quejas se basaban en recortes salariales, condiciones de trabajo y restricciones del tiempo libre. Sin embargo, otros países europeos han planteado otras quejas: Polonia, Alemania, Italia, España, Inglaterra y Francia están representados y se muestran a continuación.

- Los trabajadores polacos denuncian que una ley antihuelga ha hecho imposible negociar un salario mejor.
- Los trabajadores alemanes llevan más de dos años luchando por un convenio colectivo.
- Los trabajadores italianos han denunciado que Amazon contrata habitualmente a trabajadores que no están obligados a tener prestaciones.
- Los dirigentes españoles de Amazon han impuesto unilateralmente condiciones de trabajo cuando los convenios colectivos anteriores habían expirado.
- Los dirigentes ingleses y franceses de Amazon han impuesto exigentes medidas en materia de tiempo y eficacia que han llevado a los trabajadores a tener que procesar 300 artículos

por hora y orinar en botellas, con penalizaciones por días de enfermedad y embarazos.

Ley Stop BEZOS

El 5 de septiembre de 2018, el senador Bernie Sanders (I-VT) y el representante Ro Khanna (D-CA-17) presentaron la Ley Stop Bad Employers by Zeroing Out Subsidies (Stop BEZOS) dirigida a Amazon y otros supuestos beneficiarios del bienestar corporativo como Walmart, McDonald's y Uber. Esto siguió a varias apariciones en los medios de comunicación en las que Sanders subrayó la necesidad de una legislación que garantice que los trabajadores de Amazon reciban un salario digno. Estos informes citaban un hallazgo de New Food Economy según el cual un tercio de los trabajadores de los centros de distribución de Arizona estaban acogidos al Programa de Asistencia Nutricional Suplementaria (SNAP, por sus siglas en inglés). Aunque Amazon emitió inicialmente un comunicado en el que calificaba estadísticas como ésta de "inexactas y engañosas", un anuncio del 2 de octubre afirmaba que su salario mínimo para todos los empleados se elevaría a 15 dólares por hora.

Discriminación racial

En 2021, trabajadores y ex trabajadores de la empresa, entre ellos Chanin Kelly-Rae, ex directora de diversidad, denunciaron públicamente la supuesta discriminación sistémica contra las mujeres y las personas de color en la empresa. También en 2021, varios empleados negros presentaron demandas por discriminación contra la empresa.

En 2019, la ingeniera de software negra Nadia Odunayo creó The StoryGraph, que desde entonces se ha convertido en el principal competidor y rival de Goodreads, la filial de Amazon. En contraste con Goodreads, que es una empresa de propiedad y gestión mayoritariamente blanca, The StoryGraph de Odunayo es propiedad y está diseñada por una mujer de color y remedió muchos de los problemas de los que los usuarios se quejaron con Goodreads. Amazon y Goodreads nunca han respondido públicamente a la existencia de The StoryGraph, y en gran medida han dejado la plataforma en paz.

Respuesta a la pandemia de COVID-19

157

Durante la pandemia de COVID-19, Amazon introdujo una retribución por peligrosidad de 2 dólares por hora, cambios en la retribución de las horas extraordinarias y una política de tiempo libre ilimitado y no retribuido hasta el 30 de abril de 2020. El aumento de la retribución por peligrosidad expiró en junio de 2020, y la política de tiempo libre remunerado en mayo de 2022. Amazon también introdujo restricciones temporales a la venta de productos no esenciales y contrató a 100.000 empleados más en EE.UU. y Canadá. Algunos trabajadores de Amazon en EE.UU., Francia e Italia protestaron por la decisión de la empresa de "hacer turnos normales" a pesar de los numerosos casos positivos de COVID-19. En España, la empresa se ha enfrentado a denuncias judiciales por sus políticas. Un grupo de senadores estadounidenses escribió una carta abierta a Bezos en marzo de 2020, expresando su preocupación por la seguridad de los trabajadores.

Una protesta en un almacén de Amazon el 30 de marzo de 2020 en Staten Island acabó con el despido de su organizador, Christian Smalls. Amazon defendió la decisión alegando que Smalls debía estar autoaislado en ese momento y que liderar la protesta ponía en peligro a sus demás trabajadores. Smalls ha calificado esta respuesta de "ridícula". La fiscal general del estado de Nueva York, Letitia James, está estudiando represalias legales al despido, que calificó de "inmoral e inhumano". También ha pedido a la Junta Nacional de Relaciones Laborales que investigue el despido de Smalls. El propio Smalls acusa a la empresa de tomar represalias contra él por organizar una protesta. En el almacén de Staten Island, Amazon ha confirmado un caso de COVID-19; los trabajadores creen que hay más y afirman que la empresa no ha limpiado el edificio, no les ha proporcionado protección adecuada ni les ha informado de posibles casos. Smalls añadió específicamente que allí hay muchos trabajadores en categorías de riesgo, y que la protesta sólo exigía que se desinfectara el edificio y se siguiera pagando a los empleados durante ese proceso. Derrick Palmer, otro trabajador de las instalaciones de Staten Island, dijo a *The Verge* que Amazon se comunica rápidamente a través de texto y correo electrónico cuando necesitan que el personal realice horas extras obligatorias, pero no han estado utilizando esto para informar a la gente cuando un compañero ha contraído la enfermedad, en lugar de esperar días y enviar a los gerentes a hablar con los empleados en persona. Amazon afirma que la protesta de Staten Island sólo atrajo a 15 de los 5.000 trabajadores de las instalaciones, mientras que otras fuentes describen multitudes mucho mayores.

El 14 de abril de 2020, dos empleados de Amazon fueron despedidos por "violar repetidamente las políticas internas", después de que hubieran hecho circular internamente una petición sobre los riesgos para la salud de los trabajadores del almacén.

El 4 de mayo, el vicepresidente de Amazon, Tim Bray, dimitió "consternado" por el despido de los empleados denunciantes que hablaron de la falta de protecciones COVID-19, incluida la escasez de mascarillas y la no aplicación generalizada de los controles de temperatura prometidos por la empresa. Afirmó que los despidos eran una "chorrada" y estaban "diseñados para crear un clima de miedo" en los almacenes de Amazon.

En un informe financiero del primer trimestre de 2020, Jeff Bezos anunció que Amazon espera gastar 4.000 millones de dólares o más (beneficio de explotación previsto para el segundo trimestre) en cuestiones relacionadas con la COVID-19: equipos de protección individual, salarios más elevados para los equipos por horas, limpieza de las instalaciones y ampliación de las capacidades de ensayo de la COVID-19 de Amazon. Estas medidas pretenden mejorar la seguridad y el bienestar de cientos de miles de empleados de la empresa.

Desde principios de 2020 hasta septiembre del mismo año, la empresa declaró que el número total de trabajadores que habían contraído la infección era de 19.816.

Cierre en Francia

El SUD (sindicatos) presentó una demanda contra Amazon por condiciones de trabajo inseguras. El 15 de abril de 2020, un tribunal de distrito francés (Nanterre) dictó sentencia ordenando a la empresa que limitara, bajo amenaza de una multa de un millón de euros al día, sus entregas a determinados artículos de primera necesidad, como electrónica, alimentos, productos médicos o higiénicos y suministros para el hogar, animales y oficinas. En su lugar, Amazon cerró inmediatamente sus seis almacenes en Francia, siguió pagando a los trabajadores pero limitó las entregas a artículos enviados desde terceros vendedores y almacenes fuera de Francia. La empresa dijo que la multa de 100.000 euros por cada artículo prohibido enviado podría suponer miles de millones de dólares en multas incluso con una pequeña fracción de artículos clasificados erróneamente. Tras perder un recurso y llegar a un acuerdo con los sindicatos para aumentar los salarios y escalonar los horarios, la empresa reabrió sus almacenes franceses el 19 de mayo.

Libros de Matt Walsh

El comentarista político conservador Matt Walsh ha publicado varios libros, algunos de los cuales se consideraron transfóbicos, incluido un libro infantil titulado *Johnny the Walrus* (una historia alegórica sobre un niño cuyos padres lo transforman quirúrgicamente en una morsa tras sorprenderlo fingiendo serlo). Varios de estos libros se convirtieron en superventas en Amazon, lo que molestó y disgustó a numerosos empleados de la empresa, que afirmaron haberse sentido traumatizados por los libros que se vendían en Amazon. Amazon organizó una sesión para que los empleados hablaran de su trauma, mientras que otros empleados organizaron una protesta "a muerte", argumentando que las opiniones transfóbicas en los medios de comunicación contribuían al discurso del odio, al suicidio de jóvenes trans y a las ideas erróneas sobre las personas trans. Matt Walsh, por su parte, tomó la reacción de los empleados de Amazon como un punto de diversión, señalando que *Johnny the Walrus* había sido catalogado en Amazon como el libro "LGBT" más vendido (el libro fue trasladado más tarde a una categoría de género político), mientras que algunos empleados de Amazon argumentaron que los libros que promueven la "transfobia" deberían ser directamente prohibidos por completo de las plataformas de Amazon.

Disidencia de los empleados

En 2014, un antiguo empleado de Amazon, Kivin Varghese, inició una huelga de hambre para cambiar las políticas injustas de Amazon. En noviembre de 2016, un empleado de Amazon saltó desde el tejado de la sede central de la empresa por trato injusto en el trabajo.

En 2020, Tim Bray, vicepresidente de AWS en aquel momento, dimitió en protesta por el trato dispensado por Amazon a sus empleados activistas vinculados a AECJ, que lideraron una agitación pública contra las condiciones de trabajo insalubres en los almacenes de Amazon durante la pandemia de COVID-19.

En abril de 2022, The Intercept informó de que la aplicación de mensajería interna de Amazon prohibiría palabras como "sindicato", "salario digno", "libertad", "aumento salarial" o "baños", que podrían indicar el descontento de los trabajadores.

Trabajos forzados en China

Amazon es una de las empresas que "potencialmente se benefician directa o indirectamente" del trabajo forzoso de los uigures, según un informe del Instituto Australiano de Política Estratégica, un think tank financiado en parte por el Departamento de Defensa de Estados Unidos.

Precios diferenciales

En septiembre de 2000, se descubrió en amazon.com una discriminación de precios potencialmente violatoria de la Ley Robinson-Patman. Amazon ofreció vender a un comprador un DVD por un precio, pero después de que el comprador borrara las cookies que le identificaban como cliente habitual de Amazon, se le ofreció el mismo DVD por un precio sustancialmente inferior. Posteriormente, Jeff Bezos se disculpó por la diferencia de precios y prometió que Amazon "nunca pondrá a prueba los precios en función de los datos demográficos de los clientes". La empresa dijo que la diferencia era el resultado de una prueba de precios aleatoria y se ofreció a reembolsar a los clientes que pagaron los precios más altos. Amazon también había experimentado con pruebas de precios aleatorias en 2000, cuando unos clientes que comparaban precios en un sitio web de "cazadores de gangas" descubrieron que Amazon ofrecía aleatoriamente el reproductor MP3 Diamond Rio a un precio sustancialmente inferior a su precio normal.

165

Eliminación de contenidos Kindle

En julio de 2009, *The New York Times* informó de que amazon.com había eliminado de los Kindles de los usuarios todas las copias de los clientes de determinados libros publicados por MobileReference en violación de la legislación estadounidense sobre derechos de autor, incluidos los libros *Diecinueve Ochenta y Cuatro* y *Rebelión en la granja*. Esta acción se llevó a cabo sin notificación previa ni permiso específico de los usuarios individuales. Los clientes recibieron un reembolso del precio de compra y, más tarde, una oferta de un cheque regalo de Amazon o un cheque de 30 dólares. Los libros electrónicos fueron publicados inicialmente por MobileReference en Mobipocket para su venta únicamente en Australia, debido a que esas obras habían pasado a ser de dominio público en Australia. Sin embargo, cuando MobiPocket cargó automáticamente los libros electrónicos en Amazon, no se respetó la restricción territorial y se permitió la venta del libro en territorios como Estados Unidos, donde no había expirado el plazo de los derechos de autor.

La autora Selena Kitt fue víctima de la retirada de contenidos de Amazon en diciembre de 2010; algunas de sus obras de ficción describían incesto. Amazon alegó que "debido a un problema técnico, durante un breve espacio de tiempo tres libros no estuvieron disponibles temporalmente para que los volvieran a descargar los clientes que los habían comprado previamente. Cuando se nos informó de ello, solucionamos el problema...", en un intento de calmar las quejas de los usuarios por las eliminaciones.

A finales de 2013, el blog en línea The Kernel publicó varios artículos que revelaban "una epidemia de inmundicia" en Amazon y otras tiendas de libros electrónicos. Amazon respondió bloqueando los libros que trataban de incesto, zoofilia y pornografía infantil, así como temas como la virginidad, los monstruos y los apenas legales.

Venta de material de Wikipedia como libros

La prensa y la blogosfera germanoparlantes han criticado a Amazon por vender decenas de miles de libros de impresión bajo demanda que reproducían artículos de

Wikipedia. Estos libros son producidos por una empresa estadounidense llamada Books LLC y por tres filiales mauricianas de la editorial alemana VDM: Alphascript Publishing, Betascript Publishing y Fastbook Publishing. Amazon no se ha hecho eco de esta cuestión planteada en blogs y por algunos clientes que han pedido a la empresa que retire todos estos títulos de su catálogo. La colaboración entre amazon.com y VDM Publishing comenzó en 2007.

Sustitución de productos

La organización de consumidores británica *Which?* ha publicado información sobre Amazon Marketplace en el Reino Unido que indica que, cuando se venden pequeños productos eléctricos en Marketplace, el producto entregado puede no ser el mismo que el anunciado. Se describe una compra de prueba en la que se hicieron once pedidos a diferentes proveedores a través de un único anuncio. Sólo uno de los proveedores entregó el producto real mostrado, otros dos entregaron productos diferentes, pero funcionalmente equivalentes, y ocho proveedores entregaron productos que eran bastante diferentes y no eran capaces de proporcionar con seguridad la función anunciada. El artículo de *Which?* también describe cómo las opiniones de los clientes sobre el producto son en realidad una mezcla de opiniones de todos los diferentes productos entregados, sin forma de identificar qué producto procede de qué proveedor. Esta cuestión se planteó como prueba ante el Parlamento británico en relación con un nuevo proyecto de ley sobre derechos del consumidor.

Artículos añadidos a los registros de bebés

En 2018 se informó de que Amazon había estado vendiendo anuncios patrocinados que simulaban ser artículos de una lista de bebés. Los anuncios se parecían mucho a los artículos reales de la lista.

Terceros vendedores

Una investigación de 2019 del *Wall Street Journal* (WSJ) descubrió que minoristas de terceros vendían más de 4.000 productos inseguros, prohibidos o con etiquetas engañosas en Amazon.com. Según el artículo del WSJ, cuando los clientes han demandado a Amazon por productos inseguros vendidos por terceros vendedores en

Amazon.com, la defensa legal de Amazon ha sido que no es el vendedor y, por lo tanto, no puede ser considerado responsable. *Wirecutter* informó en 2020 que durante varios meses "pudieron comprar artículos a través de Amazon Prime que eran falsificaciones confirmadas, parecidos inseguros para su uso o de otra manera tergiversados." CNBC informó en 2019 que los vendedores de terceros de Amazon venden regularmente productos alimenticios caducados, y que el gran tamaño de Amazon Marketplace ha hecho que vigilar la plataforma sea excepcionalmente difícil para la compañía.

A partir de 2020, los vendedores de terceros representaron el 54% de las unidades pagadas vendidas en las plataformas de Amazon. En 2019, Amazon ingresó 54.000 millones de dólares por las tarifas que los vendedores terceros pagan a Amazon por los servicios de vendedor.

Cese del alojamiento del servidor de WikiLeaks

El 1 de diciembre de 2010, Amazon dejó de alojar el sitio web asociado a la organización de denuncia de irregularidades WikiLeaks. En un principio, Amazon no comentó si había forzado la salida del sitio. *El New York Times* informó: "El senador Joseph I. Lieberman, independiente de Connecticut, dijo que Amazon había dejado de alojar el sitio de WikiLeaks el miércoles tras ser contactado por el personal del Comité de Seguridad Nacional y Asuntos Gubernamentales".

En un comunicado de prensa posterior emitido por Amazon, negaron que hubieran dado de baja a Wikileaks.org debido a "una investigación gubernamental" o a "ataques DDOS masivos". Afirmaron que se debía a "una violación de los términos de servicio [de Amazon]" porque Wikileaks.org estaba "asegurando y almacenando grandes cantidades de datos que no son legítimamente suyos, y publicando estos datos sin asegurarse de que no perjudicarán a otros".

Según el fundador de WikiLeaks, Julian Assange, esto demostraba que Amazon (empresa con sede en Estados Unidos) estaba en una jurisdicción que "sufría un déficit de libertad de expresión".

La acción de Amazon dio lugar a una carta pública de Daniel Ellsberg, que filtró los Papeles del Pentágono durante la guerra de Vietnam. Ellsberg declaró que estaba "asqueado por la cobardía y el servilismo de Amazon", comparándolo con "el control de la información y la disuasión de la denuncia de irregularidades por parte de China", y pidió un boicot "amplio" e "inmediato" a Amazon.

Privacidad de los usuarios

El lanzamiento del Amazon Echo suscitó preocupación por la posibilidad de que Amazon divulgara datos de sus clientes a instancias de las autoridades gubernamentales. Según Amazon, las grabaciones de voz de las interacciones de los clientes con el asistente se almacenan con la posibilidad de ser divulgadas posteriormente en caso de orden judicial o citación. La policía solicitó esos datos durante la investigación de la muerte de Victor Collins, ocurrida el 22 de noviembre de 2015 en casa de James Andrew Bates, en Bentonville (Arkansas). Amazon se negó a acceder en un primer momento, pero Bates consintió más tarde.

Aunque Amazon se ha opuesto públicamente a la vigilancia secreta por parte de los gobiernos, tal y como revelan las solicitudes de la Ley de Libertad de

Información, ha proporcionado apoyo en materia de reconocimiento facial a las fuerzas de seguridad en forma de tecnología Rekognition y servicios de consultoría. Las pruebas iniciales incluyeron la ciudad de Orlando (Florida) y el condado de Washington (Oregón). Amazon se ofreció a poner en contacto al condado de Washington con otros clientes gubernamentales de Amazon interesados en Rekognition y con un fabricante de cámaras corporales. Una coalición de grupos de defensa de los derechos civiles se opone a estas iniciativas por considerar que podrían ampliar la vigilancia y dar lugar a abusos. En concreto, podría automatizar la identificación y el seguimiento de cualquier persona, especialmente en el contexto de una posible integración de las cámaras corporales de la policía. Debido a las reacciones, la ciudad de Orlando ha declarado públicamente que dejará de utilizar esta tecnología, aunque es posible que reconsidere su decisión más adelante.

El 17 de febrero de 2020, un documental de *Panorama* emitido por la BBC en el Reino Unido puso de relieve la cantidad de datos recopilados por la empresa y el paso a la vigilancia que causaba preocupación a políticos y reguladores de Estados Unidos y Europa.

El 16 de julio de 2021, la Comisión Nacional de Protección de Datos de Luxemburgo impuso a Amazon Europe Core S.à.r.l. una multa récord de 746 millones de euros (888 millones de dólares) por tratar datos personales infringiendo el Reglamento General de Protección de Datos (RGPD) de la UE. La multa representó alrededor del 4,2% de los 21.300 millones de dólares de ingresos declarados por Amazon en 2020. Es la mayor multa jamás impuesta por una violación del GDPR. Amazon ha anunciado que recurrirá la decisión.

Elusión fiscal

Los asuntos fiscales de Amazon fueron investigados en China, Alemania, Polonia, Corea del Sur, Francia, Japón, Irlanda, Singapur, Luxemburgo, Italia, España, Reino Unido, Estados Unidos y Portugal. Un informe publicado por Fair Tax Mark en 2019, etiquetó a Amazon como el "peor" infractor por evasión fiscal, habiendo pagado una tasa impositiva efectiva del 12% entre 2010 y 2018, en contraste con la tasa del 35% del impuesto de sociedades en los Estados Unidos durante el mismo período. Amazon contraatacó con un tipo impositivo efectivo del 24% durante el mismo periodo.

Efectos en las pequeñas empresas

Debido a su tamaño y a las economías de escala, Amazon es capaz de superar en precio a los pequeños comerciantes locales. Stacy Mitchell y Olivia Lavecchia, investigadoras del Institute for Local Self-Reliance, sostienen que esto ha provocado el cierre de la mayoría de los pequeños comerciantes locales en varias ciudades y pueblos de Estados Unidos. Además, un comerciante no puede tener un artículo en el almacén disponible para venderlo antes que Amazon si decide ponerlo también en la lista. Muchas veces se han realizado cargos fraudulentos en los canales bancarios y financieros de la empresa sin aprobación, ya que Amazon se enorgullece de mantener todos los datos financieros permanentemente archivados en su base de datos. Si realizan un cargo en tu cuenta no te devolverán el dinero a la cuenta de la que lo sacaron, sólo te proporcionarán un crédito de Amazon. Además, no hay servicio de atención al cliente para comerciantes, que a veces debe gestionarse en tiempo real.

Acuerdo con Correos

A principios de 2018, el presidente Donald Trump criticó repetidamente el uso que Amazon hace del Servicio Postal de los Estados Unidos y sus precios para la entrega de paquetes, afirmando: "Tengo razón en que Amazon le cuesta a la Oficina de Correos de los Estados Unidos cantidades masivas de dinero por ser su Repartidor", tuiteó Trump. "Amazon debería pagar estos costes (más) y no que sean sufragados [*sic*] por el contribuyente estadounidense". Las acciones de Amazon cayeron un 6% como consecuencia de los comentarios de Trump. Shepard Smith, de Fox News, rebatió las afirmaciones de Trump y señaló las pruebas de que el USPS ofrecía precios por debajo del mercado a todos los clientes sin ventaja para Amazon. Sin embargo, el analista Tom Forte señaló que los pagos de Amazon a USPS no se hacen públicos y que su contrato tiene fama de ser "un trato de favor".

Guerra de ofertas por HQ2

El anuncio del plan de Amazon para construir una segunda sede, apodada HQ2, fue recibido con 238 propuestas, 20 de las cuales se convirtieron en ciudades finalistas el 18 de enero de 2018. En noviembre de 2018, Amazon fue criticada por reducirlo a "las dos ciudades más ricas", a saber, Long Island City y Arlington (Virginia), que se encuentran en el área metropolitana de Nueva York y en el área metropolitana de Washington, respectivamente. Los críticos, entre ellos el profesor de negocios Scott Galloway, describieron la guerra de ofertas como "una estafa" y afirmaron que era un pretexto para obtener exenciones fiscales e información privilegiada para la empresa.

La congresista Alexandria Ocasio-Cortez se opuso a los 1.500 millones de dólares en subvenciones fiscales que se habían concedido a Amazon como parte del acuerdo. Afirmó que la restauración del sistema de metro sería un mejor uso para el dinero, a pesar de las refutaciones de Andrew Cuomo y otros que Nueva York se beneficiaría económicamente. Poco después, *Politico* informó de que se habían previsto 1.500 viviendas asequibles para el terreno que ocupará la nueva oficina de Amazon. La petición de los ejecutivos de Amazon de un helipuerto en cada ubicación resultó especialmente controvertida, ya que varios miembros del Ayuntamiento de Nueva York tacharon la propuesta de frívola.

Conflicto de intereses entre la CIA y el Washington Post

En 2013, Amazon se hizo con un contrato de 600 millones de dólares con la CIA, lo que se ha descrito como un posible conflicto de intereses relacionado con *The Washington Post,* propiedad de Bezos, y la cobertura que su periódico hace de la CIA. A esto le siguió una oferta para un contrato de 10.000 millones de dólares con el Departamento de Defensa. Aunque los críticos consideraron inicialmente que la preferencia del Gobierno por Amazon era una conclusión inevitable, el contrato se firmó finalmente con Microsoft.

Censura gubernamental

Amazon declaró estar "comprometida con la diversidad, la equidad y la inclusión", pero se vio obligada a cumplir las exigencias de censura de varios países. En 2021, el sitio web chino de Amazon acató una orden del gobierno chino y eliminó las reseñas y valoraciones de los clientes de un libro escrito sobre los discursos y escritos del secretario general del Partido Comunista Chino, Xi Jinping. Además, también se desactivó la sección de comentarios. En 2022, la empresa accedió a la exigencia del gobierno de EAU y restringió los productos LGBTQ en su sitio web emiratí. Los documentos revelaron que, bajo la amenaza de sanciones desconocidas, Amazon eliminó las búsquedas de más de 150 palabras clave relacionadas con productos LGBTQ. Además, también se bloquearon varios títulos de libros, como *My Lesbian Experience With Loneliness*, de

Nagata Kabi, *Gender Queer: A Memoir*, de Maia Kobabe, y *Bad Feminist*, de Roxane Gay. Amazon declaró que se habían restringido para "cumplir las leyes y normativas locales de los países en los que operamos".

Contrato militar israelí

Proyecto Nimbus, un acuerdo de 1.200 millones de dólares por el que las empresas tecnológicas Amazon y Google proporcionarán a Israel y a su ejército inteligencia artificial, aprendizaje automático y otros servicios de computación en la nube, incluida la construcción de sitios locales en la nube que "mantendrán la información dentro de las fronteras de Israel bajo estrictas directrices de seguridad". El contrato ha suscitado el rechazo y la condena de los accionistas de las empresas, así como de sus empleados, por la preocupación de que el proyecto pueda dar lugar a abusos de los derechos humanos de los palestinos en el contexto del actual conflicto palestino-israelí. En concreto, expresan su preocupación por cómo la tecnología permitirá una mayor vigilancia de los palestinos y la recopilación ilegal de datos sobre ellos, además de facilitar la expansión de los asentamientos ilegales israelíes.

Datos sanitarios del SNS no relativos a pacientes

El Gobierno británico adjudicó a Amazon un contrato que le da acceso a la información sanitaria publicada por el Servicio Nacional de Salud del Reino Unido. Esta información, por ejemplo, será utilizada por Alexa de Amazon para responder a preguntas médicas, aunque Alexa también utiliza muchas otras fuentes de información. El material, que excluye datos de pacientes, también podría permitir a la empresa fabricar, publicitar y vender sus productos. El contrato permite a Amazon acceder a información sobre síntomas, causas y definiciones de afecciones, así como a "todos los contenidos y datos relacionados sujetos a derechos de autor y otros materiales". Así, Amazon podrá crear "nuevos productos, aplicaciones, servicios basados en la nube y/o software distribuido", de los que el NHS no se beneficiará económicamente. La empresa también puede compartir la información con terceros. El Gobierno afirma que permitir que los dispositivos Alexa ofrezcan asesoramiento sanitario experto a los usuarios reducirá la presión sobre médicos y farmacéuticos.

181

Impuesto sobre la cabeza y servicios para los sin techo de Seattle

En mayo de 2018, Amazon amenazó al Consejo Municipal de Seattle por una propuesta de impuesto sobre la cabeza de los empleados que habría financiado servicios para personas sin hogar y viviendas de bajos ingresos. El impuesto habría costado a Amazon unos 800 dólares por empleado, o el 0,7% de su salario medio. Como represalia, Amazon interrumpió la construcción de un nuevo edificio, amenazó con limitar sus inversiones en la ciudad y financió una campaña de derogación. Aunque se aprobó en un principio, la medida fue pronto derogada tras una costosa campaña de derogación encabezada por Amazon.

Expansión de Tennessee

Los incentivos concedidos por el Consejo Metropolitano de Nashville y el condado de Davidson a Amazon para su nuevo Centro de Operaciones de Excelencia en Nashville Yards, un solar propiedad del promotor Southwest Value Partners, han suscitado polémica, incluida la decisión del Departamento de Desarrollo Económico y Comunitario de

Tennessee de mantener en secreto el alcance total del acuerdo. Los incentivos incluyen "102 millones de dólares en subvenciones y créditos fiscales combinados para un edificio de oficinas de Amazon a escala reducida", así como "una subvención en efectivo de 65 millones de dólares para gastos de capital" a cambio de la creación de 5.000 puestos de trabajo en siete años.

La Coalición de Tennessee por un Gobierno Abierto pidió más transparencia. Otra organización local, People's Alliance for Transit, Housing, and Employment (PATHE), sugirió que no se diera dinero público a Amazon, sino que se destinara a construir más viviendas públicas para los trabajadores pobres y los sin techo y a invertir en más transporte público para los habitantes de Nashville. Otros sugirieron que los incentivos a las grandes empresas no mejoran la economía local.

En noviembre de 2018, la propuesta de dar a Amazon 15 millones de dólares en incentivos fue criticada por el Sindicato de Bomberos de Nashville y la sección de Nashville de la Orden Fraternal de Policía, que la calificaron de "bienestar corporativo." En febrero de 2019, el consejo aprobó otros 15,2 millones de dólares en infraestructuras, aunque fue votado en contra por tres miembros del consejo, entre ellos la concejala Angie Henderson, que lo tachó de "amiguismo".

Crueldad contra los animales

En su momento, Amazon vendió dos revistas sobre peleas de gallos y dos vídeos sobre peleas de perros, aunque la Humane Society of the United States (HSUS) sostiene que la venta de estos materiales constituye una violación de la legislación federal estadounidense y presentó una demanda contra Amazon. Una campaña de boicot a Amazon en agosto de 2007 acaparó la atención tras un caso de peleas de perros en el que estaba implicado el quarterback de la NFL Michael Vick. En mayo de 2008, Marburger Publishing llegó a un acuerdo con la Humane Society solicitando que Amazon dejara de vender su revista *The Game Cock*. La segunda revista citada en la demanda, *The Feathered Warrior*, siguió estando disponible.

El grupo de defensa de los derechos de los animales Mercy for Animals ha denunciado que Amazon permite la inclusión de foie gras en su sitio web, un producto que ha sido prohibido en varios países, seguido de California, y que supuestamente se produce mediante el maltrato de patos. El listado promovió que grupos de defensa de los derechos de los animales lanzaran un movimiento denominado "crueldad en Amazon".

Artículos prohibidos por la legislación británica

En diciembre de 2015, *el* periódico *The Guardian* publicó un reportaje sobre ventas que infringían la legislación británica. Entre ellas había una pistola de gas pimienta (vendida directamente por amazon.co.uk), ácido, armas paralizantes y un arma blanca oculta (vendida por comerciantes de Amazon Marketplace). Todas ellas están clasificadas como armas prohibidas en el Reino Unido. Al mismo tiempo, *The Guardian* publicó un vídeo en el que se describen algunas de las armas.

Asimismo, las latoneras, ilegales en Nueva Gales del Sur, se venden en Amazon.com.au.

Contenido antisemita

Un artículo publicado en el semanario checo *Tyden* en enero de 2008 llamaba la atención sobre unas camisetas vendidas por Amazon en las que se podía leer "Amo a Heinrich Himmler" y "Amo a Reinhard Heydrich", profesando afecto por los infames oficiales nazis y criminales de guerra. Patricia Smith, portavoz de Amazon, declaró *a Tyden:* "Nuestro catálogo contiene millones de artículos. Con un número tan grande, pueden llegar a la web mercancías inesperadas". Smith dijo *a Tyden* que Amazon no tiene intención de dejar de cooperar con Direct Collection, el productor de las camisetas. Tras las presiones del Congreso Judío Mundial (WJC), Amazon anunció que había retirado de su sitio web las camisetas mencionadas, así como las camisetas "I love Hitler" que vendían para mujeres y niños. Tras la intervención del WJC, también se retiraron de Amazon.com otros artículos como un cuchillo de las Juventudes Hitlerianas blasonado con el lema nazi "Sangre y honor", así como una daga de oficial de las SS alemanas de 1933 distribuida por Knife-Kingdom.

Un informe publicado en octubre de 2013 en la revista británica en línea *The Kernel* reveló que Amazon.com vendía libros que defendían la negación del Holocausto, y los enviaba incluso a clientes de países donde la negación del Holocausto está prohibida por ley.

Ese mes, el WJC pidió al CEO de Amazon, Jeff Bezos, que retirara de su oferta los libros que niegan el Holocausto y promueven el antisemitismo, la supremacía blanca, el racismo o el sexismo. "Nadie debería beneficiarse de la venta de literatura de odio tan vil y ofensiva. Muchos supervivientes del Holocausto se sienten profundamente ofendidos por el hecho de que el mayor minorista en línea del mundo esté ganando dinero con la venta de ese material", escribió el vicepresidente ejecutivo del WJC, Robert Singer, en una carta a Bezos.

Aunque la parafernalia nazi seguía apareciendo en Amazon en los EE.UU. y Canadá en 2016, el 9 de marzo de 2017, el WJC anunció el cumplimiento de Amazon con las solicitudes que ella y otras organizaciones judías habían presentado mediante la eliminación de la venta de las obras de negación del Holocausto denunciadas en las solicitudes. El WJC ofreció asistencia continua para identificar obras de negación del Holocausto entre las ofertas de Amazon en el futuro.

En julio de 2019, el Consejo Central de Judíos de Alemania denunció a Amazon por seguir vendiendo artículos que glorifican a los nazis. En diciembre de 2019,

Amazon fue sorprendida vendiendo en su plataforma adornos para el árbol de Navidad con temática de Auschwitz, impresos bajo demanda con imágenes de stock del campo de concentración de un vendedor externo; Amazon acabó retirando los adornos de todas las plataformas. Auschwitz Memorial, el grupo responsable del mantenimiento del campo de concentración con fines históricos y educativos, declaró entonces que había encontrado un "inquietante producto en línea de otro vendedor: una alfombrilla de ratón de ordenador con la imagen de un tren de mercancías utilizado para deportar a la gente a los campos de concentración". Louise Matsakis, periodista de *Wired*, calificó los productos con temática del Holocausto de "subproducto de un paisaje de comercio electrónico cada vez más automatizado", señalando que los artículos eran de impresión bajo demanda y que Amazon sólo tuvo conocimiento de ellos después de que los clientes denunciaran los artículos ofensivos.

A finales de 2020, Amazon retiró todas las copias impresas y digitales nuevas y usadas de *The Turner Diaries*, una novela de ficción distópica antisemita y racista, de su plataforma de venta de libros, incluidas todas las filiales (AbeBooks, The Book Depository), deteniendo efectivamente las ventas del título en el mercado de venta de libros digitales. Amazon mencionó la conexión del título con el movimiento QAnon como la razón detrás de esto, después de haber purgado una serie de títulos autopublicados y de pequeña prensa relacionados con QAnon de su plataforma. El sitio web de catalogación social y reseñas de libros Goodreads, otra filial de Amazon, también eliminó los metadatos de su registro para todas las ediciones de *The Turner Diaries*, sustituyendo el campo del autor y el título por "NO ES UN LIBRO" (con mayúsculas), un apodo designado que la plataforma utiliza normalmente para eliminar de su catálogo artículos que no son libros con números ISBN, así como títulos plagiados.

En 2022, Amazon se enfrentó a una controversia cuando empezó a ofrecer acceso a través de su servicio de streaming Prime al polémico documental *Hebrews to Negroes: Wake Up Black America*, que había sido respaldado por la figura pública Kyrie Irving. La película contiene una serie de teorías conspirativas desacreditadas y discutidas, incluida la negación del Holocausto y la idea de que los judíos europeos fueron responsables de la trata transatlántica de esclavos. *Variety* defendió a Amazon en este asunto, argumentando que "el silencio de radio [de Amazon] no debe malinterpretarse como indiferencia". Por el contrario, los expertos afirman que la forma de gestionar adecuadamente "Hebreos" [la película] ha sido objeto de interminables debates en numerosas reuniones, algunas de las cuales han contado con la participación de los altos cargos de Amazon... si bien la empresa tiene un historial largo y posiblemente incoherente en lo que respecta a la vigilancia de contenidos controvertidos en su propia plataforma, "Hebreos" ha sido particularmente difícil dado el alto perfil que ha adquirido la saga de Irving. Pocos ejecutivos de la sede de la empresa en Seattle o de sus estudios en Culver City se han librado de las críticas de quienes se preguntan por qué la empresa vende material tan vil en su sitio web". El consejero delegado Andy Jassy argumentó, tras la decisión de Amazon de no retirar la película, que la película tenía que permanecer en Amazon aunque el punto de vista fuera objetable. Stephen A. Smith criticó al anterior consejero delegado de Amazon, Jeff Bezos, por la decisión, afirmando: "Jeff Bezos, se supone que eres un hombre mejor que eso. Deshazte de eso. Quita eso de tu plataforma, por favor, ya que se está haciendo todo este ruido".

191

Guía del pedófilo

El 10 de noviembre de 2010 surgió una polémica sobre la venta por Amazon de un libro electrónico de Phillip R. Greaves titulado *The Pedophile's Guide to Love and Pleasure: A Child-lover's Code of Conduct*.

Los lectores amenazaron con boicotear a Amazon por la venta del libro, calificado por los críticos de "guía pedófila". En un principio, Amazon defendió la venta del libro, afirmando que el sitio "cree que es censura no vender ciertos libros simplemente porque nosotros u otros creemos que su mensaje es censurable" y que el sitio "apoya el derecho de cada individuo a tomar sus propias decisiones de compra". Sin embargo, el sitio retiró posteriormente el libro. El *San Francisco Chronicle* escribió que Amazon "defendió el libro, luego lo retiró, luego lo restableció, y luego lo *volvió a* retirar".

Christopher Finan, presidente de la Fundación de Libreros Estadounidenses por la Libertad de Expresión, argumentó que Amazon tiene derecho a vender el libro, ya que no es pornografía infantil ni legalmente obsceno al no tener imágenes. Por otro lado, Enough Is Enough, una organización de seguridad infantil, emitió un comunicado en el que afirmaba que el libro debía retirarse y que "da la impresión de que el abuso infantil es normal". People for the Ethical Treatment of Animals (PETA), citando la retirada de *The Pedophile's Guide* de Amazon, instó al sitio web a retirar también de su catálogo los libros sobre peleas de perros.

Greaves fue detenido el 20 de diciembre de 2010 en su domicilio de Pueblo (Colorado) en virtud de una orden de detención por delito grave emitida por la oficina del sheriff del condado de Polk, en Lakeland (Florida). Los detectives de la División de Delitos en Internet del condado encargaron una versión impresa firmada del libro de Greaves y la hicieron enviar a la jurisdicción de la agencia, donde violaba las leyes estatales sobre obscenidad. Según el sheriff Grady Judd, al recibir el libro, Greaves infringió las leyes locales que prohíben la distribución de "material obsceno que represente a menores en conductas perjudiciales", un delito grave de tercer grado. Greaves se declaró inocente de los cargos y posteriormente quedó en libertad condicional, computándose el tiempo que había pasado en la cárcel como tiempo cumplido.

Productos falsificados

El 16 de octubre de 2016, Apple presentó una demanda por infracción de marca contra Mobile Star LLC por vender productos de Apple falsificados a Amazon. En la demanda, Apple aportó pruebas de que Amazon vendía estos productos Apple falsificados y los anunciaba como auténticos. A través de las compras, Apple descubrió que era capaz de identificar los productos falsificados con una tasa de éxito del 90%. Amazon se abastecía y vendía artículos sin determinar adecuadamente si eran auténticos. Mobile Star LLC llegó a un acuerdo con Apple por una cantidad no revelada el 27 de abril de 2017.

En los años siguientes, la venta de productos falsificados por parte de Amazon ha suscitado una amplia atención, y se ha descubierto que tanto las compras marcadas como realizadas por terceros como las enviadas directamente desde los almacenes de Amazon eran falsas. Esto ha incluido algunos productos vendidos directamente por la propia Amazon y marcados como "enviados y vendidos por Amazon.com". Se ha descubierto que los cables de carga falsificados vendidos en Amazon como supuestos productos de Apple presentan peligro de incendio. Estas falsificaciones han incluido una amplia gama de productos, desde artículos de gran valor hasta artículos de uso cotidiano como pinzas, guantes y paraguas. Más recientemente, esto se ha extendido a los nuevos servicios de comestibles de Amazon. Según los informes, la falsificación era especialmente problemática para los artistas y las pequeñas empresas, cuyos productos se copiaban rápidamente para su venta en el sitio. A raíz de estos problemas, empresas como Birkenstocks y Nike han retirado sus productos del sitio web.

Una práctica comercial de Amazon que fomenta la falsificación es que, por defecto, las cuentas de vendedor en Amazon están configuradas para utilizar "inventario mezclado". Con esta práctica, las mercancías que un vendedor envía a Amazon se mezclan con las del productor del producto y con las de todos los demás vendedores que suministran lo que se supone que es el mismo producto.

En junio de 2019, *BuzzFeed* informó que algunos productos identificados en el sitio como "la elección de Amazon" eran de baja calidad, tenían un historial de

195

quejas de los clientes y mostraban evidencia de manipulación de reseñas de productos.

En agosto de 2019, *The Wall Street Journal* informó que habían encontrado más de 4.000 artículos a la venta en el sitio de Amazon que habían sido declarados inseguros por agencias federales, tenían etiquetas engañosas o habían sido prohibidos por reguladores federales.

A raíz de la investigación *del WSJ*, tres senadores estadounidenses -Richard Blumenthal, Ed Markey y Bob Menéndez- enviaron una carta abierta a Jeff Bezos exigiéndole que tomara medidas sobre la venta de artículos inseguros en el sitio. La carta decía que "Incuestionablemente, Amazon está incumpliendo su compromiso de mantener a salvo a los consumidores que utilizan su enorme plataforma." La carta incluía varias preguntas sobre las prácticas de la compañía y daba a Bezos un plazo para responder antes del 29 de septiembre de 2019, diciendo: "Le pedimos que retire inmediatamente de la plataforma todos los productos problemáticos examinados en el reciente informe *del WSJ*; explique cómo está llevando a cabo este proceso; realice una investigación interna exhaustiva de sus políticas de cumplimiento y seguridad del consumidor; e instituya cambios que continúen manteniendo los productos inseguros fuera de su plataforma." A principios del mismo mes, los senadores Blumenthal y Menéndez habían enviado a Bezos una carta sobre el informe de *BuzzFeed*.

En diciembre de 2019, *The Wall Street Journal* informó de que algunas personas estaban literalmente recuperando basura de los contenedores y vendiéndola como nuevos productos en Amazon. Los reporteros realizaron un experimento y determinaron que era fácil para un vendedor crear una cuenta y vender basura limpia como nuevos productos. Además de basura, los vendedores obtenían inventario de contenedores de liquidación, tiendas de segunda mano y casas de empeño.

En agosto de 2020, un tribunal de apelaciones de California dictaminó que Amazon puede ser considerada responsable de los productos inseguros vendidos en su sitio web. Una californiana había comprado una batería de repuesto para un portátil que se incendió y le causó quemaduras de tercer grado.

Medios falsificados

197

Los grupos de presión estadounidenses en defensa de los derechos de autor han acusado a Amazon de facilitar la venta de CD y DVD sin licencia, especialmente en el mercado chino. El gobierno chino ha respondido anunciando planes para aumentar la regulación de Amazon (junto con Apple Inc. y Taobao.com) en relación con los problemas de infracción de derechos de autor en Internet. Amazon ya ha tenido que cerrar distribuidores terceros debido a la presión de la NCAC (Administración Nacional de Derechos de Autor de China).

Amazon ha sido sorprendido vendiendo libros falsificados, es decir, libros que imitan fielmente una edición auténtica de una obra publicada, pero cuya publicación no ha sido autorizada por el titular de los derechos de autor. Un ejemplo destacado es *The Sanford Guide to Antimicrobial Therapy*, un libro médico de no ficción. Según David Streitfeld, de *The New York Times*, "Amazon no interviene en lo que ocurre en su librería y nunca comprueba la autenticidad, y mucho menos la calidad, de lo que vende. No supervisa de forma organizada a los vendedores que han acudido en masa a su sitio. El resultado es una especie de anarquía. Editores, escritores y grupos como el Gremio de Autores afirman que ha aumentado la falsificación de libros en Amazon. La empresa se ha mostrado más reactiva que proactiva a la hora de abordar el problema, y a menudo sólo actúa cuando un comprador se queja. Muchas veces, añadieron, no hay ningún lugar donde apelar y su único recurso es integrarse aún más estrechamente con Amazon". No es la primera vez que aparecen libros falsificados en Amazon. Según *The New York Post*, el problema de los libros falsificados de hecho ha surgido, fusionándose con otra controversia de Amazon vendiendo libros plagiados, con Martin Kleppmann, un autor de ejemplo, quejándose de que Amazon estaba vendiendo copias pirateadas de su libro de texto que tenían "páginas superpuestas" y problemas de sangrado de tinta, lo que llevó a que el libro fuera ilegible y recibiera críticas negativas. En 2019, InterVarsity Press anunció que los falsificadores habían vendido 240.000 dólares en copias falsas de *Liturgy of the Ordinary* de Tish Harrison Warren en Amazon: hasta 20.000 copias, en comparación con las 121.000 copias legítimas vendidas por IVP hasta ese momento, según estimaron los informes de noticias.

Vox argumentó en 2019 que Amazon se beneficia directamente de la venta de libros falsificados, citando un ejemplo en el que un pequeño editor tuvo que asociarse

199

con Amazon para que los libros legítimos volvieran al mercado: "Bill Pollock, fundador de la editorial de guías de programación y ciencia No Starch, con sede en San Francisco, dijo al *New York* Times que esta solución solo estaba poniendo aún más carga sobre los titulares de derechos para protegerse a sí mismos": "¿Por qué tenemos que ser nosotros los responsables de vigilar a Amazon en busca de falsificaciones? Ese es su trabajo". No Starch ha afirmado que estaban gastando "3.000 dólares al mes y subiendo" para mantener su posicionamiento en las búsquedas por encima de la gente que lo está copiando".

Retirada de las obras LGBT

En abril de 2009, se hizo público que algunos libros de lesbianas, gays, bisexuales, transexuales, feministas y políticamente liberales estaban siendo excluidos de las clasificaciones de ventas de Amazon. Varios libros y medios de comunicación fueron marcados como "contenido para adultos", incluidos libros infantiles, libros de autoayuda, no ficción y ficción no explícita. Como resultado, obras de autores consagrados como E. M. Forster, Gore Vidal, Jeanette Winterson y D. H. Lawrence quedaron fuera de la clasificación. El cambio se hizo público por primera vez en el blog del autor Mark R. Probst, que reprodujo un correo electrónico de Amazon en el que se describía la política de eliminación de la clasificación de material "para adultos". Sin embargo, Amazon declaró posteriormente que no existía ninguna política de eliminación de material de lesbianas, gays, bisexuales y transexuales, y achacó el cambio primero a un "fallo técnico" y después a "un error de catalogación vergonzoso y torpe" que había afectado a 57.310 libros (un pirata informático también afirmó haber sido el causante de dicha pérdida de metadatos).

En junio de 2022, Amazon accedió a la demanda del gobierno de los Emiratos Árabes Unidos bajo amenaza de sanciones desconocidas, y puso restricciones a los productos LGBTQ y sus resultados de búsqueda en los Emiratos. Las búsquedas de palabras clave como "orgullo", "lgbt", "bandera transgénero" y "carcasas iphone lgbt" reflejaron "ningún resultado" en el país. También se retiraron libros como *My Lesbian Experience With Loneliness*, de Nagata Kabi, *Bad Feminist*, de Roxane Gay, y *Gender Queer: A Memoir*, de Maia Kobabe. Amazon declaró que tenía que "cumplir las leyes y

201

normativas locales de los países en los que operamos", a pesar de estar comprometida con la protección de los derechos de las personas LGBTQ.

Autismo

Amazon ha sido sorprendida vendiendo varios artículos, en su mayoría libros autopublicados, que transmiten información errónea y pseudociencia sobre el trastorno del espectro autista y el síndrome de Asperger. En un experimento para comprobar la falta de control de calidad de Amazon en el ámbito de los libros sobre el autismo, el periodista *de Wired* Matthew "Matt" Reynolds escribió un libro electrónico autopublicado para Kindle titulado *How To Cure Autism: Una guía para usar dióxido de cloro para curar el autismo*. Como él mismo explicó, "para probar el sistema, subimos un libro Kindle falso titulado How To Cure Autism: *Guía para curar el autismo con dióxido de cloro*". El anuncio fue aprobado en dos horas. Al crear el libro, el servicio de publicación Kindle de Amazon sugirió una imagen de portada de stock que hacía parecer que el libro había sido aprobado por la FDA". Señaló que en Amazon ya prevalecían otros títulos Kindle reales que promovían curas con lejía y otras informaciones erróneas. Más tarde, Amazon se vio obligada a retirar de sus plataformas de venta varios títulos autopublicados que

203

promovían teorías antivacunación relacionadas con el autismo, lo que, según la periodista Lindsey Bever, de *The Washington Post*, rozaba la censura de material de lectura legal. Numerosos medios de comunicación informaron de que Amazon estaba retirando los libros, entre ellos la NBC y la CBS. Más tarde, ese mismo año, *Science Alert informó de que* Amazon seguía vendiendo libros de desinformación sobre el autismo. Más libros de desinformación sobre el autismo en relación con COVID-19 comenzaron a aparecer a la venta en Amazon en 2021, hasta el punto de que la senadora Elizabeth Warren preguntó al CEO de Amazon, Andy Jassy, sobre los algoritmos de búsqueda en Amazon que promueven tal desinformación. Jassy no respondió personalmente ni comentó la situación.

Vacunas

La antivacunación y las "curas" del cáncer no basadas en la evidencia han aparecido habitualmente en los primeros puestos de los libros y vídeos de Amazon. Esto puede deberse a las reseñas positivas publicadas por partidarios de métodos no probados o a la manipulación de los algoritmos por parte de las comunidades truther, más que a una intención por parte de la empresa. *Wired* descubrió que Amazon Prime Video estaba repleto de "documentales pseudocientíficos cargados de teorías conspirativas que orientan a los espectadores hacia tratamientos no probados".

El representante estadounidense Adam Schiff (demócrata por California) expresó su preocupación por el hecho de que Amazon estuviera "sacando a la luz y recomendando productos y contenidos que disuaden a los padres de vacunar a sus hijos." Posteriormente, Amazon retiró cinco documentales antivacunación. Amazon también retiró 12 libros que afirmaban sin base científica que la lejía podía curar enfermedades como la malaria y el autismo infantil. Esto siguió a un informe de NBC News sobre padres que la utilizaron en un intento equivocado de revertir el autismo de sus hijos.

Retirada de otros libros

En 2014, Amazon retiró un libro, descrito por los críticos como una "guía de la violación", que afirmaba revelar cómo se podía presionar a las mujeres para que aceptaran insinuaciones sexuales. Más tarde, retiró un libro del activista antimusulmán Tommy Robinson.

En 2015, Amazon recibió críticas por publicar *A MAD World Order*, un libro electrónico autopublicado por el asesino en serie y violador canadiense Paul Bernardo, que al parecer había accedido a los servicios de autopublicación de Amazon a través de un ordenador en prisión. Amazon retiró discretamente el eBook de la venta en todas sus plataformas (nunca se publicó una versión impresa), aunque todavía existe un registro de metadatos para él en la filial Goodreads. En 2019, Amazon retiró el libro *¿Es Greta Thunberg solo una marioneta? The truth about the[sic] youngest ambientalist* de Markus Jorgenssen, un título que contenía contenido difamatorio sobre la activista medioambiental Greta Thunberg, que era menor de edad en el momento de la publicación.

Amazon prohibió temporalmente un libro que promovía afirmaciones no convencionales sobre la pandemia de COVID-19, así como libros que promovían curas de COVID-19 no sancionadas por agencias del Gobierno estadounidense. En 2021, Amazon retiró los listados de un libro de 2018 del filósofo conservador Ryan T. Anderson porque criticaba las protecciones legales para las personas transgénero.

Plagio en Kindle Direct Publishing

La rama de autopublicación de Amazon Kindle Direct Publishing, una empresa de impresión bajo demanda y libros electrónicos, ha impreso y vendido libros plagiados de varios autores, algunos de los cuales se quejaron públicamente contra Amazon por esta práctica. Rebecca Maye Holiday, autora franco-canadiense, reveló que el hecho de que Amazon permitiera a un tercero publicar versiones falsificadas de su material protegido por derechos de autor hizo que un "ISBN gratuito" del material falsificado entrara en las bases de datos de Ingram Content Group, lo que hizo que un nombre falso mal escrito apareciera por importación automática como nombre de autor principal de sus libros en Goodreads y Google Books. Según Holiday, aunque la propia Amazon retiró las falsificaciones de la publicación y dejó de venderlas por completo, la propia Goodreads considera que los libros son ediciones válidas porque tienen valoraciones y reseñas publicadas y porque técnicamente fueron "publicados", independientemente de que se cuestionara o no la legalidad de su existencia. Además, varios editores voluntarios dieron por muerta a Holiday, que es abiertamente asexual, lo que la llevó a boicotear Goodreads más allá del mantenimiento rutinario de su biografía de autora allí. Nora Roberts, autora romántica estadounidense que ha visto plagiados y reeditados numerosos títulos suyos a través de Kindle Direct Publishing, describió la rama de autopublicación de Amazon con desdén: "Estoy recibiendo una educación infernal sobre la cultura enferma, codiciosa y oportunista que juega con el sistema absurdamente débil de Amazon. Y todo lo que aprendo me enfurece... esta cultura, este feo trasfondo de la autopublicación legítima, gira en torno al contenido. Más, más, más, ¡rápido, rápido, rápido!". Roberts prometió durante una entrevista con *The Guardian* demandar a sus plagiarios, que no habían sido detenidos por su nombre. Casos como estos no son infrecuentes, y en 2019, The Authors Guild publicó una declaración en la que afirmaba que "la forma en que KDP y KU [Kindle Unlimited] están configurados, lo que atrae a estafadores que se aprovechan de las debilidades del sistema para reempaquetar libros y antologías de otros autores... los hacen pasar por ellos como obras "nuevas"." Goodreads y Google Books suelen conservar metadatos de falsificaciones y títulos plagiados incluso después de que Amazon los retire de sus principales plataformas de venta, lo que genera problemas de atribución de autor, desambiguación y confusión en el lector.

Respuesta de Amazon al plagio en Kindle Direct Publishing

La propia Amazon ha mantenido de forma rutinaria que comprueba el plagio mediante la supervisión de las cuentas de usuario y la ejecución de controles de plagio en los archivos subidos, aunque los críticos han argumentado que el sistema de Amazon no es lo suficientemente robusto como para manejar problemas como el robo de identidad, el acceso de menores a la plataforma o el anonimato en Internet. Los *Escritores Urbanos* defendieron a Amazon en este sentido, argumentando que "Amazon es extremadamente sensible sobre el trabajo plagiado y, si es marcado, tu cuenta podría ser desactivada". Otros escritores e informes han sido más críticos con la respuesta de Amazon ante el plagio, señalando múltiples casos en los que la propia Amazon no hizo nada para impedir que un plagiario, o plagiarios, subieran archivos protegidos por derechos de

209

autor y los reclamaran como propios, se autoproclamaran autores, subieran información robada a un autor (como números de identificación fiscal o una dirección particular) para reclamar falsamente su identidad, reclamaran obras de dominio público bajo su propio nombre e inventaran diversos nombres anónimos para evitar consecuencias legales. Ya en 2011-2012 surgieron casos de este tipo en Amazon. Michelle Starr, redactora de *CNET*, describió un caso en 2012 en el que "los autores de ciencia ficción C.H. Cherryh y John Scalzi enviaron a Amazon avisos de retirada de la DMCA por libros suyos que un tal Ibnul Jaif Farabi había subido, con los títulos ligeramente cambiados, bajo su propio nombre. También había hecho lo mismo con obras de autores fallecidos, como Robert Heinlein y Arthur C. Clarke, que, por supuesto, están demasiado fallecidos como para darse cuenta". En la mayoría de estos casos, Amazon despublica los títulos o deja de vender nuevas copias de ellos, pero también conserva registros de metadatos para ellos en lugares como Goodreads. Esto puede dar lugar a problemas como que el autor correcto no reciba notoriedad o asociación con su propio libro, problemas de desambiguación y problemas de derechos morales. Los problemas de derechos morales pueden ser especialmente perjudiciales para los autores. Rachel Ann Nunes, escritora mormona de ficción de género, señaló en una entrevista para *The Atlantic* que, aparte de las implicaciones económicas de que sus libros fueran plagiados, el estrés emocional y el daño a la reputación eran aún peores. "Sentí que me atacaban", reveló Nunes, "y cuando entraba en las redes sociales, no sabía lo que me esperaría". Nunes contó que no había podido dormir, que había engordado mucho, que ya no podía disfrutar escribiendo y que había pagado miles de dólares en costosas costas legales para intentar atrapar al plagiador de sus libros, que se había hecho pasar por varios alias y había subido información falsa a las bases de datos de Amazon. Jonathan Bailey, de *Plagiarism Today, señaló:* "Amazon no hace mucho por investigar los libros que publica. El plagio ni siquiera se menciona en sus archivos de ayuda KDP. Lo que esto significa es que es trivial publicar casi cualquier cosa que quieras sin importar la calidad del trabajo o, en estos casos, lo original que sea. De hecho, muchos se quejan de que Amazon no examina las obras ni siquiera por cuestiones sencillas como el formato y la maquetación. Aunque a veces Amazon retira las obras que infringen sus condiciones de servicio tras recibir quejas, no tiene inconveniente en vender los libros y cosechar los

211

beneficios hasta que recibe una notificación de este tipo. Y, desde la perspectiva de Amazon, esto es completamente legal. Están protegidos por la Ley de Derechos de Autor para el Milenio Digital (DMCA), así como por otras leyes, en particular la Sección 230 de la Ley de Decencia en las Comunicaciones, que básicamente significa que no tienen ninguna obligación de investigar o comprobar las obras que publican. Son legalmente libres de producir y vender libros, físicos y digitales, independientemente de que sean plagiados, infrinjan los derechos de autor o sean ilegales por cualquier otro motivo".

En 2019, la periodista *de Vox* Kaitlyn Tiffany hizo una investigación sobre un extraño subconjunto de "biografías de celebridades" autopublicadas en Amazon, publicadas bajo el seudónimo "Matt Green" a través de Kindle Direct Publishing, que contenían material plagiado y no autorizado, a menudo con errores tipográficos y gramaticales. Tiffany defendió el planteamiento de Amazon sobre el control de contenidos, recordando que "Amazon ya ha acabado con bastantes estafas de libros electrónicos. Al principio, los usuarios podían descargar libros de dominio público de fuentes como el Proyecto

Gutenberg, subirlos y venderlos a lectores que no sabían lo que hacían. Un cambio de política en 2011 puso fin a esa situación. En 2012, Max Read, de Gawker, se topó con otra buena: cientos de miles de libros que no eran más que recopilaciones de artículos de Wikipedia con títulos como "Famosos con pollas grandes". Un autor que encontró se limitaba a publicar conjuntos de datos aleatorios como "Perspectivas 2007-2012 para alfombras de esparcir lavables con pelo insertado, alfombrillas de baño y conjuntos que miden 6 pies por 9 pies o menos en la India." Argumentó que, aunque Amazon es conocida por las estafas que se producen en sus filiales de autopublicación, la empresa hace todo lo posible por poner fin a las estafas cuando tiene conocimiento de ellas, pero que el plagio descarado y otros contenidos ilegales son difíciles de detectar. También señaló el uso de seudónimos como un problema, y coincidió con Jonathan Bailey en que la Digital Millennium Copyright Act protege demasiado a Amazon de cualquier responsabilidad en relación con el plagio o material ilegal en los libros publicados. Jeff Bezos y Andy Jassy, consejeros delegados de Amazon, nunca han hecho comentarios públicos ni han pedido disculpas a Nora Roberts, Rebecca Maye Holiday o Rachel Ann Nunes por los problemas de

213

plagio y falsificación, pero sí incluyen políticas en el acuerdo de términos y condiciones de Kindle Direct Publishing sobre el plagio y la publicación de contenido ilegal.

Hikvision

Amazon ha trabajado con la empresa tecnológica china Hikvision. Según *The Nation*, "Estados Unidos ha considerado sancionar a Hikvision, que ha suministrado miles de cámaras que vigilan mezquitas, escuelas y campos de concentración en Xinjiang."

Alojamiento Palantir

Amazon proporciona servicios de alojamiento web en la nube a través de Amazon Web Services (AWS) a Palantir. Palantir es una conocida empresa de análisis de datos que ha desarrollado un software utilizado para recopilar datos sobre inmigrantes indocumentados. El software está alojado en la nube AWS de Amazon.

En junio de 2018, los empleados de Amazon firmaron una carta exigiendo a Amazon que abandonara Palantir, una empresa de recopilación de datos, como cliente de AWS. Según *Forbes*, Palantir "ha sido objeto de escrutinio porque su software ha sido utilizado por agentes del ICE para identificar e iniciar procedimientos de deportación contra migrantes indocumentados."

El 7 de julio de 2019, líderes judíos locales conectados con la organización Jews for Racial and Economic Justice, junto con Make the Road New York, lideraron una protesta de más de 1000 judíos y otras personas en respuesta a los vínculos financieros de Amazon con Palantir, y sus 150 millones de dólares en contratos la Agencia de Inmigración y Aduanas de Estados Unidos (ICE). La acción directa cerró la sede de Amazon Books en el centro de Manhattan. La protesta se celebró en el día judío de luto y ayuno, Tisha B'Av, que conmemora la destrucción de los antiguos templos de Jerusalén.

Influencia en las noticias locales

A finales de mayo de 2020, antes de su junta de accionistas del 27 de mayo, al menos once cadenas de noticias locales emitieron segmentos redactados de forma idéntica en los que se comentaba positivamente la respuesta de Amazon a la pandemia de coronavirus. Zach Rael, presentador de la emisora KOCO-TV de Oklahoma City, publicó que Amazon había intentado enviarle el mismo paquete preparado. El senador y crítico de Amazon Bernie Sanders condenó la cobertura y la calificó de propaganda. La mayor parte del vídeo ofrecido estaba narrado por el director de relaciones públicas de Amazon, Todd Walker. De los once canales identificados, WTVG en Toledo, Ohio, fue el único que le atribuyó las declaraciones.

Librería Amazon

En 1999, la Cooperativa de Librerías Amazon de Minneapolis (Minnesota) demandó a amazon.com por infracción de marca. La cooperativa llevaba utilizando el nombre "Amazon" desde 1970, pero llegó a un acuerdo extrajudicial para compartir el nombre con el minorista en línea.

Jabón Lush

En 2014, los tribunales británicos declararon que Amazon había infringido la marca comercial del jabón Lush. El fabricante de jabón, Lush, había hecho que sus productos no estuvieran disponibles en Amazon. A pesar de ello,

217

Amazon anunciaba productos alternativos a través de búsquedas de jabón Lush en Google.

Supuesta difamación

En septiembre de 2009, se supo que Amazon vendía descargas de música en MP3 que sugerían falsamente que un conocido entrenador de fútbol de la Premier League era un delincuente sexual infantil. A pesar de una campaña que instaba al minorista a retirar el artículo, se negó a hacerlo alegando libertad de expresión. La empresa decidió finalmente retirar el artículo de su sitio web en el Reino Unido ante la amenaza de emprender acciones legales. Sin embargo, siguió vendiéndolo en sus sitios web estadounidense, alemán y francés.

Supuesta divulgación de datos personales

En octubre de 2011, la actriz Junie Hoang presentó *Hoang contra Amazon.com*, una demanda de un millón de dólares contra Amazon en el Tribunal del Distrito Oeste de Washington, por revelar supuestamente su edad en IMDb, de la que Amazon es propietaria, utilizando datos personales de su tarjeta de crédito. La demanda, en la que se alega fraude, incumplimiento de contrato y violación de su vida privada y de sus derechos como consumidora, afirma que, tras inscribirse en IMDbPro en 2008 para aumentar sus posibilidades de conseguir papeles, la actriz afirma que su fecha de nacimiento legal se había añadido a su perfil público, revelando que es mayor de lo que aparenta, lo que le causó una disminución sustancial de su trabajo como actriz y de sus ingresos. La actriz también afirma que el sitio web rechazó su petición de eliminar la información en cuestión. Todas las demandas contra Amazon, y la mayoría de las demandas contra IMDb, fueron desestimadas por la juez Marsha J. Pechman; el jurado falló a favor de IMDb en la única demanda restante. En febrero de 2015, el caso contra IMDb seguía en apelación.

IMDB Deadnaming

En respuesta a que el actor de Nueva Escocia Elliot Page y la actriz estadounidense Laverne Cox salieran del armario como transgénero en 2020, IMDb cambió sus políticas legales en torno a los nombres propios en las biografías de actores/actrices, haciendo excepciones para las personas que habían cambiado sus nombres para que su nombre de nacimiento no apareciera en los perfiles de IMDb. Esto ocurrió después de una protesta de varios grupos y organizaciones de apoyo LGBTQ+, incluida GLAAD, que declaró: "revelar el nombre de nacimiento de una persona transgénero sin su permiso explícito es una invasión de la privacidad que solo sirve para socavar la verdadera identidad auténtica de la persona trans, y puede ponerla en riesgo de discriminación, incluso de violencia." GLAAD aceptó respaldar un recurso legal del gremio de actores para restringir la información personal que puede revelar la base de datos.

Precisión de las reseñas de Amazon

En 2004, *The New York Times* informó de que un fallo en el sitio web de Amazon Canadá reveló que varias reseñas de libros habían sido escritas por autores de sus propios libros o de libros de la competencia. En respuesta, Amazon cambió su política de permitir reseñas anónimas por otra que otorgaba un marcador de credenciales en línea a los reseñadores registrados en Amazon, aunque seguía permitiéndoles permanecer en el anonimato mediante el uso de seudónimos. En abril de 2010, se descubrió que el historiador británico Orlando Figes había publicado reseñas negativas de libros de otros autores. En junio de 2010, un blog de noticias de Cincinnati descubrió un grupo de 75 reseñas de libros de Amazon que habían sido escritas y publicadas por una empresa de relaciones públicas en nombre de sus clientes. Un estudio de la Universidad de Cornell de ese año afirmaba que el 85% de los reseñadores de alto nivel de Amazon "habían recibido productos gratis de editores, agentes, autores y fabricantes." En junio de 2011, la propia Amazon se había introducido en el negocio editorial y había empezado a solicitar reseñas positivas de autores consagrados a cambio de una mayor promoción de sus propios libros y próximos proyectos.

Las reseñas de los clientes de amazon.com se controlan en busca de indecencias, pero permiten comentarios negativos. Robert Spector, autor del libro *amazon.com*, describe cómo "cuando los editores y autores preguntaron a Bezos por qué amazon.com publicaba reseñas negativas, él defendió la práctica afirmando que amazon.com estaba 'adoptando un enfoque diferente... queremos que todos los libros estén disponibles -los buenos, los malos y los feos... para dar rienda suelta a la verdad'" (Spector 132). Se ha denunciado que Amazon ha

221

eliminado selectivamente reseñas negativas de artículos relacionados con la Cienciología a pesar de cumplir las directrices sobre comentarios.

En noviembre de 2012, se informó de que Amazon.co.uk había eliminado "una oleada de reseñas de autores sobre los libros de sus colegas escritores en lo que se cree que es una respuesta a [un] escándalo de "títeres de calcetín"."

Tras la puesta a la venta de *Intocable: The Strange Life and Tragic Death of Michael Jackson,* una biografía despectiva de Michael Jackson escrita por Randall Sullivan, sus fans, organizados a través de las redes sociales como "Michael Jackson's Rapid Response Team to Media Attacks", bombardearon Amazon con críticas negativas y valoraciones negativas de las críticas positivas.

En 2017, Amazon eliminó un número desmesurado de reseñas de 1 estrella del listado del libro de la excandidata presidencial Hillary Clinton, *What Happened*.

En 2018 y 2020, se informó de que Amazon había permitido durante algún tiempo a los vendedores realizar

222

un truco de confianza de cebo y cambio: después de que los revisores hubieran amontonado elogios sobre un producto en particular, el producto sería reemplazado por un producto completamente diferente mientras se conservaban las críticas positivas anteriores.

En 2022, investigadores de la UCLA documentaron que millones de productos adquieren críticas positivas falsas en grupos privados de Facebook. Demostraron el uso generalizado de reseñas positivas falsas por parte de productos de muchas categorías, y que las reseñas falsas aumentan sustancialmente las valoraciones y las ventas. Amazon afirma que, solo en 2019, la empresa gastó más de 500 millones de dólares y empleó a más de 8.000 personas para detener las reseñas falsas.

En julio y agosto de 2022, Amazon interpuso demandas contra los administradores de 10.000 grupos de Facebook utilizados para coordinar reseñas falsas de productos, y contra varias empresas implicadas en falsificar opiniones de vendedores y eludir prohibiciones de venta.

Reseñas de Goodreads

223

Goodreads, filial de Amazon, ha sido objeto de una gran cantidad de escándalos relacionados con su sistema de reseñas de libros, incluida una práctica conocida como "bombardeo de reseñas", una forma de trolling y estafa extorsiva utilizada por diversos motivos para degradar o inflar las valoraciones de los libros de un autor. Las razones para hacerlo incluyen la cultura de la cancelación, el beneficio económico, la intimidación y el acoso, la difamación o la autopromoción, entre otros motivos. Un ejemplo destacado es Rin Chupeco, una popular escritora de novelas fantásticas que ha expresado su preocupación por el hecho de que Goodreads adopte un enfoque minimalista de la moderación, dejándola principalmente en manos de voluntarios con privilegios de edición, y que los autores marginados por raza, género, etnia y orientación sexual sean a menudo el objetivo. A diferencia de su empresa matriz, Amazon, Goodreads no tiene forma de verificar si los usuarios son realmente propietarios o tienen acceso a los libros que dicen haber leído, y no modera los sockpuppies, los trolls o las cuentas falsas del mismo modo que Amazon. Goodreads ha guardado silencio sobre el asunto, aunque ha impuesto nuevas normas que restringen las reseñas que critican el comportamiento del autor frente a los propios libros, por ejemplo, las reseñas

224

que se burlan de la afiliación política o la religión de un autor. El personal de Goodreads se encarga de moderar este tipo de contenido, dejándolo en su mayor parte a su discreción. Como resultado, cierto grado de contenido malintencionado suele permanecer publicado hasta que la parte afectada emprende acciones legales contra la propia Goodreads.

Críticas en IMDb

La filial de Amazon IMDb (The Internet Movie Database), al igual que Goodreads, no puede verificar el acceso o visionado de los usuarios a los medios. Según la propia IMDb, "las calificaciones de IMDb son "precisas" en el sentido de que se calculan utilizando una fórmula coherente e imparcial, pero no afirmamos que las calificaciones de IMDb sean "precisas" en un sentido cualitativo absoluto. Ofrecemos estas calificaciones como una forma simplificada de ver lo que otros usuarios de IMDb de todo el mundo piensan de los títulos que aparecen en nuestro sitio". Ha habido varios casos en los que se ha cuestionado el sistema de calificaciones de IMDb. Uno de esos casos fue en relación con la miniserie *Chernobyl* de HBO; Alyssa Bereznak, escritora de *The*

Ringer, recordó en un artículo crítico de 2019: "la semana pasada, *Chernobyl* de HBO se disparó a la cima de los rankings de televisión de todos los tiempos de IMDb, superando a otros éxitos megapopulares como *Breaking Bad*, *Juego de Tronos* y varias temporadas aptas para fumetas de *Planeta Tierra*. Y hasta el martes, tenía una calificación media de 9,6 estrellas (sobre 10) de más de 200.000 usuarios en el sitio de entretenimiento propiedad de Amazon. Para la prensa, el ascenso de la serie limitada era la prueba de un éxito histórico. *The Economist se hizo eco* de las cifras, comparándolas con los picos de tráfico en la página de Wikipedia sobre el "desastre nuclear de Chernóbil", declarando el programa "la serie de televisión mejor valorada de la historia" y maravillándose del alcance de su temática". A continuación, criticó que las puntuaciones procedieran de usuarios mayoritariamente hombres blancos, al tiempo que recordaba anteriores escándalos de trolling en los que medios de comunicación con elencos y equipos mayoritariamente femeninos y racializados se clasificaban en puestos más bajos a propósito, en una forma de manipulación generalizada de las críticas, sobre todo si el contenido era de naturaleza política. El debate sobre si las críticas de IMDb proceden o no de un grupo demográfico mayoritariamente masculino blanco volvió a surgir en un caso en el que supuestamente se utilizó la manipulación de las críticas para rebajar la puntuación de la película *Pantera Negra*, que contaba con un reparto mayoritariamente negro y un argumento racializado.

Algunos críticos han salido en defensa de IMDb en lo que respecta a la manipulación de críticas sobre medios más diversos; por ejemplo, Kate Erbland (escritora de *IndieWire*) señaló que Rotten Tomatoes, un sitio de agregación de películas que no pertenece a Amazon, se enfrentaba al mismo tipo de trolling que IMDb en relación con la película de Disney de 2018 *Una arruga en el tiempo*, que contaba con un reparto étnicamente diverso que incluía a la antigua presentadora de programas de entrevistas Oprah Winfrey, y que había provocado tensiones políticas como resultado. Si bien Erbland señaló que las filiales basadas en Amazon están equipadas para verificar que los críticos hayan accedido realmente a los medios a los que afirman haber accedido, señaló que "no hay una manera infalible de verificar que cualquiera que ofrezca una crítica o calificación de la audiencia realmente la haya visto, y todo el mundo lo sabe. Jugar con el sistema es tan fácil que puede convertirse en un arma

227

contra las películas y los creadores mediante algo tan poco fiable como un grupo de Facebook, y es probable que el problema se vuelva más sofisticado a medida que otros grupos dedicados a hacer caer las puntuaciones intenten sortear los obstáculos". Al igual que la filial Goodreads, IMDb se ha enfrentado a casos de "bombardeo" de críticas, por ejemplo el de la película de animación *Lightyear,* de 2022, que incluía una insinuación gay (una pareja del mismo sexo besándose brevemente en pantalla), lo que llevó a IMDb a bloquear brevemente la página de la película para que no se pudieran publicar nuevas críticas.

Tanto Goodreads como IMDb utilizan el término genérico de Amazon para referirse a la manipulación de reseñas, el trolling y otros actos de malicia en general, y en sus declaraciones oficiales se refieren a estas personas como "malos actores".

Estancamiento de las filiales

Se ha afirmado que la compra de filiales por parte de Amazon ha provocado el estancamiento y la falta de desarrollo o innovación en estas filiales. Esto es especialmente fuerte en lo que respecta a Goodreads; *Input Magazine* calificó la plataforma de metadatos de libros de "antigua y terrible" y argumentó que funciona demasiado como una biblioteca digital de principios de la década de 2000, sin desarrollos que se adapten a la naturaleza evolutiva de la adquisición de metadatos de libros o la actividad de los lectores en línea. *New Statesman* también criticó Goodreads, calificando la plataforma de "estancada" y de "monopolio en la discusión de nuevos libros", "mala para los libros" y "lo que debería ser un rincón acogedor y agradable de Internet se ha convertido en un monstruo".

Apagones de AWS

Amazon Web Services de Amazon, una rama de la empresa dedicada a la computación en la nube, es utilizada por un gran número de grandes corporaciones occidentales, así como por otros servicios como plataformas sanitarias, de medios de comunicación, de entrega de alimentos y gubernamentales. En 2021 se produjeron una serie de apagones que provocaron el cierre temporal de la mayoría de estas plataformas, entre las que se encontraban no sólo las filiales directas de

Amazon, sino también Netflix, Tinder, McDonald's, Sweetgreen, Disney+ y Roku, entre otras muchas. Algunos institutos y universidades que utilizaban Amazon Web Services tuvieron que posponer exámenes y fechas de entrega de pruebas y trabajos programados debido a los cortes. Los repartidores de Amazon tampoco pudieron entregar correctamente los paquetes, mientras que productos tecnológicos de Amazon como su timbre Ring y Alexa también dejaron de funcionar. Los servidores en los que Amazon Web Services aloja sus datos son desconocidos para el público en general, por lo que no se sospechó de piratería informática. Los periodistas Aaron Gregg y Drew Harwell criticaron las interrupciones y afirmaron que "afectan a millones de personas en una Web cada vez más interconectada: cada vez ponemos más huevos en menos cestas. Así se rompen más huevos". Nunca ha quedado del todo claro qué causó los cortes, aunque Amazon sí respondió a *Insider* con un comunicado en el que calificaba los cortes como "un evento del servicio AWS que afectó a Amazon Operations y a otros clientes".

Impacto medioambiental

Uno de los impactos más significativos de Amazon sobre el cambio climático se produce a través de sus operaciones y prácticas empresariales. Amazon ha sido criticada por su dependencia de los combustibles fósiles para alimentar sus enormes almacenes, flotas de furgonetas de reparto y centros de datos que conforman su infraestructura global (Pratt, 2020) . Además, la demanda de la empresa de nuevos productos a proveedores de todo el mundo ha provocado un aumento de las emisiones derivadas del transporte y el uso de energía. Por otra parte, la falta de transparencia de la empresa y el hecho de que aún no se haya comprometido ni haya comunicado ningún objetivo sustancial de reducción de emisiones ha suscitado más preocupación por su falta de acción en la crisis climática (CNBC, 2019) . En 2013, un informe reveló que el 93% de las principales empresas del mundo informaron sobre su RSC (Yu et al, 2022) . Aunque han expresado su apoyo a las energías limpias y las políticas climáticas, en el pasado han tenido una controvertida falta de transparencia sobre sus propias contribuciones (Caraway, 2020). Así pues, la pregunta es: ¿qué están haciendo realmente con respecto a su propia huella de carbono?

231

La inmensa huella de carbono de la empresa se debe principalmente a su excesivo embalaje y entrega de productos. Las flotas de reparto de Amazon, compuestas por camiones, aviones y drones, provocan una gran cantidad de contaminación por sus gases de escape. Además, Amazon desecha cerca del 90% del plástico que utiliza con sus productos (Moore, 2021) . Además, sus enormes almacenes y centros de datos generan grandes cantidades de energía y crean inmensos residuos. El impacto medioambiental de Amazon se ve agravado por su falta de responsabilidad, ya que se sabe que la empresa se salta la normativa medioambiental y evita compensar a las comunidades afectadas por sus actividades.

El vasto alcance global de Amazon tiene un impacto significativo en la crisis climática. Sus almacenes, flotas de reparto y centros de datos consumen una enorme cantidad de energía. Además, el modelo de negocio de Amazon se basa en la comodidad del envío rápido, lo que se traduce en la quema de grandes cantidades de combustibles fósiles para alimentar sus flotas de reparto. Los almacenes de la empresa también causan una gran huella de carbono, y el enfoque de la empresa en la entrega rápida significa que sus mercancías se transportan a menudo a través de largas distancias.

Con el cambio climático convirtiéndose en un problema cada vez más acuciante, muchas empresas buscan formas de reducir su impacto en el medio ambiente. Según la Universidad de Tennessee Knoxville , "Amazon ha aceptado recientemente revelar su huella de carbono, y ha declarado que su objetivo es que el 50% de sus entregas tengan una huella neta de carbono cero para 2030." Amazon también ha comenzado a buscar nuevas formas de entregar productos, como mediante drones. Según Frachtenburg 2019 , "Amazon, con la bendición limitada de la Administración Federal de Aviación de Estados Unidos (FAA), espera comenzar las entregas aéreas reales con drones en Estados Unidos dentro de unos meses y también está experimentando con robots de entrega terrestre." Además, se realizó un estudio para mostrar cómo los drones se comparan con otros métodos de entrega, como los camiones, En general, los drones emitieron menos carbono en distancias cortas y superaron a los camiones en velocidad (Goodchild, 2018) . En general, los drones emiten menos carbono en distancias

233

cortas y superan a los camiones en velocidad (Goodchild, 2018).

Política climática

En 2018, Amazon emitió 44,4 millones de toneladas métricas de CO_2 .

En noviembre de 2018, un grupo de acción comunitaria se opuso al permiso de construcción entregado a Goodman Group para la construcción de una plataforma logística de 160.000 metros cuadrados (1.700.000 pies cuadrados) que Amazon operará en el aeropuerto de Lyon-Saint-Exupéry. En febrero de 2019, Étienne Tête presentó una solicitud en nombre de un segundo grupo de acción comunitaria regional pidiendo al tribunal administrativo que decidiera si la plataforma servía a un interés público lo suficientemente importante como para justificar su impacto ambiental. La construcción se ha suspendido mientras se deciden estos asuntos.

En septiembre de 2019, los trabajadores de Amazon organizaron un paro como parte de la Huelga Climática Global. Un grupo interno llamado Empleados de Amazon por la Justicia Climática dijo que más de 1.800 empleados en 25 ciudades y 14 países se comprometieron a participar en la acción para protestar por el impacto ambiental y la inacción de Amazon ante el cambio climático. Este grupo de trabajadores solicitó a Jeff Bezos y a Amazon tres peticiones concretas: dejar de hacer donaciones a políticos y grupos de presión que niegan el cambio climático, dejar de trabajar con empresas de combustibles fósiles para acelerar la extracción de petróleo y gas, y conseguir cero emisiones de carbono para 2030.

Amazon ha introducido el programa Envío Cero, sin embargo, Envío Cero sólo se ha comprometido a reducir el 50% de sus envíos a cero neto para 2030. Además, incluso ese 50% no significa necesariamente una disminución de las emisiones en comparación con los niveles actuales, dado el ritmo de crecimiento de los pedidos de Amazon.

Dicho esto, el CEO de Amazon también ha firmado el Compromiso Climático, por el que Amazon cumpliría los objetivos del acuerdo climático de París 10 años antes de lo previsto, y sería neutro en carbono para 2040. Además de este compromiso, también encargó 100.000 camiones de reparto eléctricos a Rivian. En septiembre de 2021, los firmantes del Compromiso Medioambiental de Amazon alcanzaron los 200. Según el informe, los firmantes del compromiso proceden de 16 países y 25 industrias.

Amazon financia a grupos que niegan el cambio climático, como el Competitive Enterprise Institute.

Amazon consideró hacer una opción para que los clientes Prime tuvieran paquetes entregados en el momento más eficiente y respetuoso con el medio ambiente (permitiendo a la compañía combinar envíos con el mismo destino), pero decidió no hacerlo por temor a que los clientes redujeran las compras. Desde 2019, la empresa ha ofrecido en su lugar a los clientes una opción de "Día de Amazon", en la que todos los pedidos se entregan el mismo día, haciendo hincapié en la comodidad del cliente, y ocasionalmente ofrece a los clientes Prime créditos a cambio de seleccionar opciones de envío más lentas y menos costosas.

En mayo de 2022, amazon anunció un compromiso de 10,6 millones de dólares para ayudar a construir y renovar 130 viviendas asequibles con Metropolitan Development and Housing Agency (MDHA) y apoyar la labor social de la organización local sin ánimo de lucro CrossBridge en Nashville. Desde 2020, amazon ha comprometido más de 94 millones de dólares para proyectos de vivienda asequible en Nashville. El compromiso forma parte del Amazon Housing Equity Fund, un compromiso de 2.000 millones de dólares para crear y conservar 20.000 viviendas asequibles.

Venta de libros que niegan el cambio climático

Amazon ha vendido varios libros sobre la negación del cambio climático, que algunos críticos consideran desinformación que debería censurarse. El grupo activista Advance Democracy, en una entrevista para *South China Morning Post* y *USA Today*, declaró que "no aparecía ningún panel informativo en las búsquedas de vídeo de 10 frases clave asociadas a la negación del cambio climático, pero sí un anuncio de Amazon con enlaces a libros que niegan la existencia del cambio climático". El autor de ficción erótica Chuck Tingle escribió y publicó una novela satírica burlándose de tales libros, titulada *Pounded In The Butt By The Sentient Manifestation Of My Own Ignorant Climate Change Denial* (que decidió publicar a través de

237

Kindle Direct Publishing de Amazon). Amazon no ha respondido en profundidad a las acusaciones de que promueve o respalda libros que apoyan la negación del cambio climático. Alastair McIntosh, un profesor de la Universidad escocesa de Glasgow que habla para *RealClimate,* argumentó que era extraño que Amazon vendiera libros que presentan ciencia no revisada por pares, diciendo: "*Chill* [un libro de escepticismo sobre el cambio climático] se clasificó como número uno en la liga de los más vendidos de Amazon UK para 'calentamiento global'. Invariablemente me he encontrado preguntando a tales figuras, que no tienen publicaciones creíbles revisadas por pares en ciencia climática: ¿qué les hace pensar que saben más que los expertos con una reputación que vale la pena no perder?".

Supuesta destrucción de existencias no vendidas

Un reportaje destapado por ITV News en junio de 2021 descubrió que la empresa, en uno de sus 24 "centros de cumplimiento" en el Reino Unido, un almacén en Dunfermline, Escocia, destruía 130.000 artículos de stock sin vender a la semana, a menudo artículos completamente sin usar como Smart TV, ordenadores portátiles, secadores de pelo, unidades de ordenador y libros. Un representante de Greenpeace, Sam Chetan Welsh, declaró a ITV News: "Es una cantidad inimaginable de residuos innecesarios, y simplemente chocante ver a una empresa multimillonaria deshacerse de las existencias de esta manera". En respuesta, la propia Amazon dijo: "Estamos trabajando para alcanzar el objetivo de cero desechos de productos" y rechazó las afirmaciones de que enviaba productos no vendidos a vertederos, aunque periodistas de ITV habían seguido a camiones con productos desechados de Amazon hasta esos lugares.

El problema no se limita al Reino Unido. En Francia y Alemania se han promulgado leyes para disuadir a los minoristas de destruir nuevos productos después de que se cuestionaran las políticas de Amazon.

Productos químicos tóxicos

En respuesta al descubrimiento de diversas sustancias químicas tóxicas encontradas en envases de productos de terceros vendedores, Amazon prohibió las sustancias químicas tóxicas en los envases de productos en 2021.

239

Varios clientes han denunciado que las cajas de cartón en las que llegaron sus pedidos de Amazon desprendían un olor "similar al de la caca", que se cree que está causado por las sustancias químicas (4-metilfenol y 4-etilfenol) utilizadas en el proceso de fabricación de las cajas a partir de materiales reciclados. Estas sustancias químicas no son nocivas para el ser humano, y Amazon nunca ha respondido públicamente al problema.

Libros

Uno de los primeros libros críticos con Amazon fue un libro de ensayos canadiense titulado *Contra Amazon: Siete argumentos*; el pequeño libro fue originalmente encuadernado a mano e impreso en una tirada limitada por el autor Jorge Carrión, antes de ser recogido por la editorial indie canadiense Biblioasis, donde se hizo viral y comenzó a aparecer en las librerías universitarias. Otro libro de este tipo fue *How to Resist Amazon and Why*, de Danny Caine, publicado por Raven Books y ampliamente distribuido por Norteamérica. El libro se refería a Amazon como "Scamazon" (un portmanteau de "Amazon" y "scam") e incluía información sobre cómo comprar localmente y evitar comprar artículos de Amazon.

Publicidad

En 2011, la Alliance for Main Street Fairness, con sede en Virginia, emitió una serie de anuncios televisivos con una ideología contraria a Amazon, en los que se animaba a los clientes a comprar de forma responsable. Esto se debió en parte a un proyecto de ley que en ese momento se estaba proponiendo y que habría obligado a Amazon a ser más diligente en el pago de impuestos.

En 2020, Ali Haberstroh, residente en Canadá, se sintió frustrado por el número de cierres de negocios físicos en el país y creó un sitio web publicitario llamado *Not Amazon*, que promociona negocios y empresas que no están afiliados a Amazon de ninguna manera. *The Guardian* publicó un artículo sobre el sitio web en 2020, año en el que Not *Amazon* ya había acumulado 350.000 visitantes. La propia Amazon no hizo comentarios sobre el artículo.